L'ANIMATION PROFESSIONNELLE

Histoire, acteurs, enjeux

Collection *Débats Jeunesses*
dirigée par Bernard Roudet

Institut national de la Jeunesse
et de l'Éducation populaire

La collection *Débats Jeunesses* se constitue en appui à *AGORA Débats Jeunesses,* revue de l'Institut national de la Jeunesse et de l'Éducation populaire éditée par l'Harmattan. Le comité de rédaction de la revue constitue le comité éditorial de la collection. La mise en page et la correction de cet ouvrage ont été assurées par Françoise Jacquemin pour Collographe.

La revue trimestrielle *AGORA* et la collection *Débats Jeunesses* s'intéressent de manière ouverte et transdisciplinaire à tous les problèmes de société construisant la trame problématique des questions de jeunesse. En se situant à la croisée des questionnements professionnels et de la recherche, la revue comme la collection se proposent « de créer du débat » et de devenir un véritable outil de réflexion praxéologique pour les lecteurs.

Yannick LEMEL, Bernard ROUDET (coordonné par),
Filles et garçons jusqu'à l'adolescence. Socialisations différentielles.

Pierre MAYOL,
Les enfants de la liberté. Études sur l'autonomie sociale et culturelle des jeunes en France.

Patrick RAYOU,
La Cité des lycéens.

Bernard ROUDET (sous la direction de),
Des jeunes et des associations.

© L'Harmattan, 2000
ISBN : 2-7384-8909-5

Jean-Pierre Augustin et Jean-Claude Gillet

L'ANIMATION PROFESSIONNELLE

Histoire, acteurs, enjeux

L'Harmattan
5-7, rue de l'Ecole-Polytechnique
75005 Paris - FRANCE

L'Harmattan Inc
55, rue Saint-Jacques
Montréal (Qc) – Canada H2Y 1K9

OUVRAGES DE JEAN-PIERRE AUGUSTIN

Espace social et loisirs organisés des jeunes, Paris, Pédone, 1978.

Le rugby démêlé, essai sur les associations, le pouvoir et les notables, Bordeaux, Le Mascaret, 1985 (en collaboration avec Alain Garrigou).

Les jeunes dans la ville, Bordeaux, PUB, 1991 (Prix National de thèse sur les Collectivités locales, décerné par le GRAL-CNRS).

Des loisirs et des jeunes. Cent ans de groupements éducatifs et sportifs, Paris, Éditions Ouvrières, 1993 (en collaboration avec Jacques Ion).

Sport, géographie et aménagement, Paris, Nathan, 1995 (Collection Fac. Géographie).

Lieux culturels et contexte de villes, Talence, M.S.H.A., 1998 (en collaboration avec Daniel Latouche).

OUVRAGES DE JEAN-CLAUDE GILLET

Animation et animateurs. Le sens de l'action, Paris, L'Harmattan, 1995.

Formation à l'animation. Agir et savoir, Paris, L'Harmattan, 1998.

OUVRAGES DIRIGÉS PAR LES AUTEURS

Quartiers fragiles, développement urbain et animation, Bordeaux, Presses Universitaires de Bordeaux, 1996

Sommaire

Introduction
Une recherche théorique et pratique sur l'animation 13
L'invention de l'animation professionnelle 14
Une professionnalisation accélérée 15
L'élaboration d'une théorie de l'animation 17
Des interactions qui font système 19

Chapitre 1
L'éducation populaire et l'émergence de l'animation 23

Le premier stade des organisations : les réseaux
militants et concurrentiels (1880-1939) 25
    Les réseaux et leur tripartition : trois modes de
    représentation politique 27
    Des œuvres aux mouvements de jeunes : la création
    de projets éducatifs globaux 30

Le second stade : la rencontre forcée des réseaux privés
et des orientations gouvernementales (1940-1958) 40
    Vichy, la Libération et l'apogée des mouvements
    de jeunesse 41
    L'institutionnalisation des organisations
    d'éducation populaire 45

Chapitre 2
La constitution du système d'animation : le renforcement de l'État et des collectivités territoriales 53

La planification des équipements socio-culturels
et la formation des animateurs 54
    La connivence entre les fédérations et l'État 55
    Les procédures de relocalisation de l'animation 66

Les éléments du système d'animation 73
    Équipements et dispositifs : le noyau dur du système ... 74
    Le contexte de la professionnalisation 82

Chapitre 3
Acteurs et fondements du système d'animation 93

Les acteurs 95
   Le contexte associatif français par les chiffres 95
   L'engagement associatif en question 97
   Les acteurs du champ professionnel de l'animation 101

Les fondements de l'animation professionnelle 113
   La construction du champ de l'animation
   et de l'identité professionnelle des animateurs 114
   Les caractéristiques d'une profession et leur
   traitement dans le groupe professionnel des animateurs 120
   « La cohésion d'un ensemble flou » 133

Chapitre 4
Entre gérer le présent et inventer l'avenir 139

Les enjeux de l'animation 139
   La déliance 139
   Loisirs, temps libre et temps de non-travail 142
   La création culturelle dans la ville 149

Fonctions et rôles des animateurs professionnels 152
   Utilité sociale et construction de sens 152
   Les trois pôles de la modélisation 157

De l'animateur de terrain à l'ingénieur social et culturel 163

Conclusion
La filiation entre éducation populaire et animation 171
Animation et utopie 173

Annexes
   Annexe 1. Champ de l'étude DADS 179
   Annexe 2. Profils d'emplois de l'animation 180
   Annexe 3. Liste des sigles 181

Repères bibliographiques 185

INTRODUCTION : une recherche théorique et pratique sur l'animation

L'animation professionnelle connaît un développement croissant qui s'explique par un besoin de médiation, de reliance de plus en plus ressenti en raison des transformations de la société. C'est presque toujours à l'animation professionnelle que l'on fait appel lorsqu'il s'agit de favoriser la vie sociale et culturelle d'une commune, d'un équipement mais aussi des projets liés aux périodes de vacances, des journées sports, des missions locales, des permanences d'accueil, d'information et d'orientation et encore et peut-être surtout des activités collectives dans les quartiers fragiles.

Dans ce jeu, les animateurs ont réussi à s'imposer en inscrivant leur action tantôt dans les zones dynamiques de la société, tantôt dans les secteurs les plus en crise. Tâche difficile s'il en est, impossible ou idéaliste diront certains, mais réelle. Et qui se plaindrait de l'idéalisme des jeunes générations qui affluent en grand nombre vers ces professions ? Certains ne voient dans cet attrait qu'une recherche de promotion alors qu'il correspond aussi à un projet d'utilité sociale et culturelle, d'engagement collectif et de sens à donner à sa vie.

Mais les tâches à accomplir, les méthodes pour y parvenir sont encore floues et les évaluations oscillent entre le désenchantement du monde et une version surfaite de l'activisme social et culturel. Un travail d'élaboration historique et théorique est donc nécessaire et après les grands classiques de Pierre Besnard[1] et de Geneviève Poujol[2], il est urgent de poursuivre l'élucidation de ce qui est au centre de cette profession.

---

[1] BESNARD, P., *L'animation socioculturelle*, Paris, PUF, Que sais-je ?, 1980.
BESNARD, P., *Animateur socioculturel : une profession différente ?*, Paris, ESF, 1980.

L'ambition de cet ouvrage est donc de faire le point sur la question en proposant une théorie originale et des éléments d'analyse aux animateurs professionnels.

L'invention de l'animation professionnelle

On ne peut pas comprendre l'animation professionnelle si l'on ignore l'histoire de l'éducation populaire et si l'on ne tient pas compte de certains éléments de l'action sociale et de l'action culturelle. C'est au cours des années soixante que les échanges interactifs et les négociations entre les divers courants de l'éducation populaire et les services de l'État ont donné naissance au concept d'animation. Les mouvements d'éducation populaire acceptent d'abandonner une partie de leur spécificité et de leurs idéologies pour affirmer la nécessité d'une animation neutraliste (ce qui ne signifie pas forcément neutre) dans la formation de professionnels. G. Poujol note avec raison que « cette proclamation est symptomatique de l'expression d'une société dont la laïcité tient désormais de sur-moi et qui refoule honteusement autant le religieux que le politique »[3]. En entonnant le refrain de l'État-providence, les mouvements d'éducation populaire participent à l'invention d'un système qui peu à peu leur échappe même s'ils gardent des liens étroits avec lui.

Cette institutionnalisation d'une méthode d'intervention sociale est une des spécificités de la société française et explique la difficulté à traduire les mots animation et animateur dans d'autres langues et d'autres contextes ; plusieurs indices[4] laissent à penser que les mots pourraient

---

[2] POUJOL, G., *Le métier d'animateur*, Toulouse, Privat, 1978 ;
POUJOL, G., *Profession : animateur*, Toulouse, Privat, 1989.
[3] POUJOL, G., *op. cit.*, p. 36, 1989.
[4] Plusieurs pays d'Amérique du Sud et d'Afrique ont engagé des actions pour la formation d'animateurs professionnels. L'université du Québec à Montréal dispense un enseignement en animation culturelle depuis le début des années soixante-dix. La traduction en allemand de l'ouvrage de J.-C. Gillet (*Animation Der Sinn der Aktion*, Lucerne, Verlag für Soziales und Kulturelles, 1998) et d'articles de J.P. Augustin en espagnol et en anglais (*El espatio urbano y las fonctiones sociales de la animación ; Lay Society, the State and Associatives Perplexities*, in COMM, 27, 1986) sont un signe de cette tendance.

bien s'internationaliser s'ils étaient relayés par des instances comme le Conseil de l'Europe et l'Unesco.

Un mot ne suffit cependant pas à créer une fonction et la question de sa définition reste centrale. Il s'agit d'une notion ouverte qui, comme celles de la culture, de l'éducation ou du sport ne peut se réduire à une définition générale. La notion est liée aux phénomènes de crise du lien, à l'inadéquation des certitudes culturelles d'hier et se présente d'abord comme une *méthode d'adaptation, d'intégration et de transformation sociales*. Cette méthode vise à stimuler des expressions multiples notamment dans des milieux populaires localisés. En ce sens, elle reste en continuité avec le projet de l'éducation populaire ; s'il est illusoire d'envisager la suppression des inégalités socio-spatiales, il reste possible d'imaginer une démarche favorisant la valorisation différentielle des individus, des groupes et des espaces. L'animation s'inscrit dans cette invention du quotidien comme le note Michel de Certeau[5], quotidien « parsemé de merveilles, écume aussi éblouissante (...) que celle des écrivains et des artistes. Sans nom propre, toutes sortes de langages donnent lieu à ces fêtes éphémères qui surgissent, disparaissent et reprennent ».

Partant de cette visée, l'animation s'est affirmée et peut-être aussi présentée comme *un système avec ses institutions, ses équipements et ses acteurs*. Ce système situé à côté de celui de l'Éducation nationale, intéresse en priorité les enfants, les adolescents et les jeunes mais aussi les autres classes d'âges. Résultant de la sédimentation d'actions diverses, il associe des œuvres privées, des associations, des équipements et plus récemment utilise les dispositifs initiés par l'État et les collectivités locales. Système complexe et enraciné dans l'histoire sociale du pays, il apparaît plus souple que celui de l'Éducation nationale et peut être considéré comme un ensemble intermédiaire d'actions et de

---

[5] CERTEAU (de), M., *L'invention du quotidien, un acte de foi*, Paris, Gallimard, Folio-essais, 146, p. XIII, 1990.

développement culturel agissant sur le triple registre de la régulation, de la promotion et de la valorisation[6].

Une professionnalisation accélérée

Pour faire fonctionner ce vaste système, les animateurs professionnels s'organisent progressivement. Si aucun observatoire n'est capable de dire sérieusement combien travaillent en France aujourd'hui, tous sont d'accord pour souligner la croissance du secteur considéré et le présenter comme un pourvoyeur d'emplois.

Historiquement, l'animation professionnelle est née d'un mouvement social fondé sur le bénévolat et le militantisme et animé par des instituteurs, des prêtres, des dames patronnesses, des syndicalistes, des militants politiques et autres acteurs de l'intermédiation. La nécessité de développer une formation spécifique et de préciser le rôle de l'animation s'est renforcée dans les années soixante où un groupe de travail réuni par le secrétariat d'État à la Jeunesse et au Sport affirme qu'il convient de préparer 50 000 animateurs dans les vingt années à venir en considérant qu'il n'est plus possible de s'en remettre, comme par le passé, à la seule bonne volonté. Vingt ans plus tard, dans les années quatre-vingt, l'objectif n'est pas encore atteint et l'on estime à 30 000 les professionnels de ce secteur auxquels il convient d'ajouter un nombre de "vacataires" croissant difficile à évaluer.

Pour dissiper le flou des estimations, plusieurs observatoires tentent d'affiner leurs chiffres. Dans les années quatre-vingt-dix, la fonction publique territoriale annonce qu'elle emploie des dizaines de milliers d'agents intervenant dans le domaine de l'animation, l'observatoire des professions de l'animation parle de 100 000 emplois permanents et 140 000 saisonniers et l'Unedic estime à plus de 330 000 les emplois dans les mouvements proches de l'animation et du socio-culturel.

---

[6] DUMAZEDIER, J., *La révolution culturelle du temps libre*, Paris, Méridien Klinckieck, 1988.

Quels que soient les chiffres retenus, deux éléments s'imposent. D'abord celui de la forte croissance de la professionnalisation et ensuite celui du fossé qui se creuse entre la profession et la hiérarchie des formations puisqu'on estime à moins de 20 000 les titulaires d'un diplôme professionnel d'animation de niveau trois, c'est-à-dire bac plus deux ou trois.

Cette situation pose la question de la place et de la spécificité de l'animation professionnelle et de l'urgence de travailler à l'élaboration d'une théorie pouvant constituer pour cette profession un élément décisif dans l'affirmation de son autonomie.

L'élaboration d'une théorie de l'animation

De nombreux écrits ont accompagné le phénomène de l'animation socio-culturelle et son développement à partir des années soixante. Les uns l'ont perçue comme un courant idéologique hérité de l'éducation populaire et orienté vers la recherche d'un citoyen responsable, conscient, rationnel. D'autres ont mis en valeur son apparition comme un des effets de l'introduction en France de la psycho-sociologie et des pédagogies de groupe affirmant un intérêt nouveau pour l'expressivité et la créativité. Certains l'ont assimilée à un système de régulation sociale, capable, mieux que d'autres, de résoudre les conflits de société entre tradition et modernité. D'autres encore l'ont décrite comme une politique éducative plus ouverte et donc plus efficace que le système parfois rigide de l'Éducation Nationale. Il ne faut pas oublier non plus que dans une période de dynamisme économique, elle fut considérée aussi comme une tentative d'alliance politique et culturelle entre les couches moyennes techniciennes et intellectuelles et les couches populaires, dont le mouvement de Mai 1968 fut l'expression la plus caractéristique, sinon la plus illusoire. Enfin, comment ne pas mentionner la conception selon laquelle l'animation serait une forme d'expression concrète et actualisée de la civilisation des loisirs ?

À travers ce rappel des interprétations de l'animation, on s'aperçoit que c'est la sociologie qui s'en est saisie de façon dominante en construisant ces catégories explicatives. Cette discipline, historiquement, a en même temps tantôt valorisé l'animation dans une sociologie humaniste de type ontologique, assimilant l'animation à une forme de participation créative des individus à la vie sociale ; tantôt dévalorisé l'animation dans une sociologie critique de type déterministe, assimilant pour sa part l'animation à une forme de contrôle social.

Entre un univers chaud de l'animation centré sur l'affirmation de la liberté du choix des acteurs, mais effaçant trop largement le poids des contraintes, et un univers froid laissant peu ou pas de place à la liberté des sujets tant il insiste sur les permanences et les résistances au changement, il a paru nécessaire de construire une nouvelle théorie à partir d'un postulat prenant en compte l'interaction des déterminants probables et des interventions possibles d'acteurs sociaux, eux-mêmes orientés dans leurs actions par la situation environnementale qui détermine à son tour la nature, l'ampleur et la portée de l'interaction. L'animation est en conséquence un lieu de conflits sur son sens, ses finalités et ses enjeux. La désigner comme une praxis, c'est vouloir dire qu'elle est avant tout une action dépendante du passé mais ouverte à un avenir, à une historicité. Elle est une manière d'agir et implique pour l'animateur une manière d'être dans cet agir. Elle est caractérisée par une compétence centrale, articulant toutes les autres, à savoir l'intelligence stratégique des situations sociales.

Dans cet esprit, une théorie de l'animation relève autant d'une science de la conception (du projet à venir) que de l'analyse (du projet réalisé). Une science de l'animation est une science agissante : l'action et l'expérience accumulée et réfléchie permettent de parfaire, pour l'animateur professionnel, la scientificité de son savoir et sa capacité à en tirer bénéfice pour son action future.

Des interactions qui font système

La compréhension de ce qu'est l'animation professionnelle aujourd'hui ne peut faire l'économie des étapes historiques qui ont favorisé sa constitution. Cet ouvrage vise d'abord à analyser l'interaction des acteurs sociaux, privés et publics, qui ont facilité l'émergence progressive du système d'animation en France. Par acteurs sociaux, nous entendons, à côté des groupes sociaux, les acteurs institutionnels liés à la société civile qui inventent les organisations et les mouvements de jeunes, mais aussi des acteurs liés à l'appareil d'État et aux collectivités locales qui interviennent dans le champ étudié en proposant des équipements, des dispositifs et des services publics.

Dans cette perspective, le jeu institutionnel est fonction d'un système d'action complexe[7] existant par des acteurs qui le portent, lui donnent vie et le transforment. Le pouvoir n'apparaît pas alors comme un attribut mais dépend de la contingence du comportement des acteurs sociaux et se joue dans un ensemble d'échanges et de négociations avec la société. Il est un rapport de forces où chacun peut retirer davantage que l'autre, mais où également l'un n'est jamais totalement démuni par rapport à l'autre.

Le choix d'adapter le système d'actions concret à l'histoire des réseaux et des institutions de socialisation qui vont donner corps à l'animation professionnelle se démarque de certains modèles théoriques et en particulier de la thèse de la normalisation[8]. Nous considérons que le système d'animation français est moins le résultat d'une politique claire et affirmée de l'État que l'addition de décisions multiples, peu harmonieuses entre elles et parfois contradictoires d'une période à l'autre. On peut ainsi mettre à jour une double généalogie, celle des associations d'éducation populaire et des mouvements de jeunes qui correspond à

---

[7] CROZIER, M., FRIEDBERG, E., *L'acteur et le système, les contraintes de l'action collective*, Paris, Seuil, 1977.
[8] FOURQUET, F. et coll., « Les équipements du pouvoir », *Recherches*, n° 43, 1973.

un premier ensemble d'organisations et celle des institutions publiques qui favorise l'édification et la cristallisation de l'animation professionnelle. Ces deux ensembles s'interpénètrent plus qu'ils ne se succèdent et c'est au terme d'un mouvement qui fait se rencontrer, s'interposer les acteurs privés et publics en fonction de conjonctures sociales et politiques que l'on peut préciser les éléments constitutifs du champ de l'animation.

L'ouvrage s'organise en quatre chapitres. Les deux premiers utilisent une approche diachronique fondée sur l'analyse de travaux concernant les organisations de jeunes et d'éducation populaire, et de situations locales étudiées à partir d'archives privées, de témoignages, d'observations directes et d'évaluations récentes. Elle permet une présentation simplifiée qui, se démarquant d'une analyse linéaire, vise à souligner les ruptures et les continuités, les concurrences et les coopérations qui ont favorisé la création successive du système. Deux difficultés ont été contournées. Celle de l'exhaustivité en limitant l'étude à quelques institutions et dispositifs particulièrement éclairants. Celle de la chronologie, en proposant une périodisation simple, résumée à deux temps successifs, le temps des institutions d'éducation populaire (1880-1957) et le temps du renforcement de l'État et des collectivités locales (1958-1998). Un tel découpage prend le risque d'engager un point de vue rétrospectif toujours informé par le présent, mais est utile à l'objectif visé : montrer les étapes institutionnelles de la constitution de l'animation professionnelle[9].

Les deux autres chapitres analysent les mutations qui ont caractérisé l'apparition et la construction d'un corps de professionnels, les animateurs, aux côtés des bénévoles et militants associatifs. Ils montrent parallèlement les contours non encore stabilisés de ce corps professionnel qui se trouve placé au cœur des enjeux de la société de

---

[9] Divers éléments des deux premiers chapitres reprennent des propositions de l'ouvrage de J.-P. Augustin et J. Ion : *Des loisirs et des jeunes, cent ans de groupements éducatifs et sportifs*, Paris, Éditions de l'Atelier, 1993.

demain : la déliance, les loisirs et la création culturelle dans la ville. Cette position stratégique des animateurs est théorisée dans une modélisation de l'animation professionnelle puis dans la définition de ce qui est au centre de leurs compétences[10]. Ainsi, de l'histoire de l'éducation populaire à l'invention de l'animation socioculturelle, en soulignant le rôle des acteurs et des fondements du système, il est possible de préciser ce qui fait la spécificité de l'animation professionnelle.

Destiné à un vaste public, cet ouvrage est d'abord une synthèse pour les animateurs de terrain et les animateurs en formation ; il concerne aussi les responsables associatifs et les élus et se veut une large introduction pour tous ceux qui désirent saisir les enjeux socio-spatiaux de l'animation.

---

[10] Ces deux chapitres s'inscrivent dans le prolongement de l'ouvrage de J.-C. Gillet : *Animation et animateurs. Le sens de l'action*, Paris, L'Harmattan, 1995.

Chapitre 1

L'ÉDUCATION POPULAIRE ET L'ÉMERGENCE DE L'ANIMATION (1880-1957)

L'animation et sa professionnalisation sont indissociables des contextes et des événements politiques que la France a connus depuis la Troisième République. Dès 1880, les mouvements d'éducation populaire ont participé à de multiples projets éducatifs destinés à favoriser la démocratisation des savoirs dans le but de compléter l'enseignement scolaire et de former des citoyens. Si l'on parle généralement de l'éducation populaire au singulier, c'est qu'on oublie qu'elle a souvent trouvé sa raison d'être et sa force dans les rivalités opposant les laïques aux catholiques et même aux socialistes. Il est donc utile de revenir sur les non-dits de son histoire afin de montrer les conditions d'émergence de l'animation.

Dans ce système complexe de l'éducation populaire, on distingue généralement les institutions et mouvements de jeunes qui y tiennent une large place. Nous avons choisi d'insister sur leur histoire en rappelant que leur genèse est liée à la définition et à la promotion des notions d'enfance et de jeunesse comme catégories d'éducation, nées dans les milieux de la bourgeoisie urbaine vers la fin du XVIIIe siècle[1]. Ce changement des mentalités est renforcé au XIXe siècle, sous la pression conjuguée des transformations dues à l'industrialisation, à l'urbanisation et aux luttes politiques qui s'établissent au début de la Troisième Républi-

---

[1] CRUBELLIER, M., *L'enfance et la jeunesse dans la société française - 1800-1950*, Paris, Armand Colin, 1979.

que. Plusieurs facteurs se mêlent alors et favorisent la multiplication des organisations de jeunesse dans les villes. Les préoccupations hygiénistes et médicales cherchent à lutter contre les risques de tuberculose et de rachitisme en offrant par l'intermédiaire des premières colonies de vacances de l'air aux jeunes citadins ; des visées d'ordre patriotique se joignent à ces préoccupations puisqu'il faut aussi préparer la revanche et que la baisse de natalité et la mortalité infantile font craindre « le déclin de la race » ; à côté des colonies de vacances, les sociétés de tir et de gymnastique, puis les orphéons et les fanfares, enfin les premières sociétés sportives sur le modèle anglo-saxon apparaissent après 1880. Mais ce sont les enjeux autour de la République et de l'École qui stimulent, dans une perspective concurrentielle, les initiatives éducatives.

Deux stades se succèdent. Le premier est celui de la création, entre 1880 et 1939, par les réseaux sociopolitiques, d'institutions de socialisation d'un type nouveau ; elles intéressent d'abord les enfants des villes puisque la majorité des plus âgés sont au travail dès l'âge de quatorze ans et dépendent des règles de vie que leur imposent les rapports de production ; mais elles s'adressent progressivement aux plus âgés qui se voient, durant la période de l'entre-deux-guerres, proposer par l'intermédiaire des mouvements de jeunes, des projets éducatifs globaux. Ces institutions organisées à l'initiative de la société civile, se calquent sur les clivages politiques du pays et sont dans l'ensemble peu dépendantes du pouvoir d'État et des municipalités.

Le second stade est celui de la rencontre forcée des réseaux privés de l'éducation populaire et des orientations politiques ; il se caractérise par une imbrication plus grande entre les services administratifs de l'État et les institutions civiles. Préparé par une intervention modérée de l'État en 1936, il débute réellement avec la volonté du gouvernement de Vichy de réglementer et de contrôler les organisations d'éducation populaire et de jeunesse ; il se termine avec la fin de la Quatrième République où ces mêmes organisations sont confrontées aux mesures liées à la guerre d'Algérie. Entre ces deux pôles, les mouvements ne sont pas restés immobiles et ont été traversés par des crises avec leurs hiérarchies respectives qui font voler en éclat une partie des équilibres et tutelles antérieurs. Ces oppositions et adaptations dépendantes de conjonctures internes et externes préparent une nouvelle période de l'interventionnisme de l'État et la formulation du référentiel du système d'animation.

Le premier stade des organisations : les réseaux militants et concurrentiels (1880-1939)

Pour comprendre la situation des œuvres de jeunesse dans la France à la fin du XIXe siècle, il convient de ne pas oublier l'héritage du Second Empire qui a renforcé l'influence de l'Église catholique. La loi Falloux de 1850 lui a donné un rôle majeur dans les organismes administratifs de l'instruction publique ; les prêtres contrôlent les instituteurs qui dépendent de l'Église ; la progression des écoles congréganistes et du nombre de religieux ayant des activités dites pédagogiques (12 845 « frères » et 58 883 « sœurs » en 1861) est considérable. La défaite de Sedan et la Commune de Paris accentuent les clivages politiques, et les républicains, après une décennie incertaine, cherchent avec les lois de 1882 sur l'enseignement, de 1901 sur les associations et de 1905 sur la séparation de l'Église et de l'État, à contrer l'emprise de l'Église afin d'établir durablement la République. Ces lois inspirées par les radicaux ont pour conséquences indirectes de susciter la création d'une nouvelle génération d'œuvres et de patronages paroissiaux qui tentent de préserver une influence que la laïcisation de l'école leur enlève.

Alors que l'instruction publique est présentée et acceptée comme une nécessité et une obligation, l'éducation populaire et les jeunes deviennent un enjeu politique et les œuvres qui leur sont destinées s'organisent principalement dans le sillage de l'Église d'une part et de l'École de l'autre. Du côté catholique, les Cercles d'ouvriers proposés par A. de Mun au lendemain de la Commune pour tenter d'éviter une coupure avec la classe ouvrière et de « ramener les jeunes ouvriers dans la moralité », sont complétés par une action aussi conservatrice que sociale selon l'expression de J. Julliard. Mais après la publication de l'encyclique *Rerum Novarum* (1891) affirmant le droit d'intervention de l'Église dans les rapports économiques tout en condamnant à la fois le libéralisme économique et le socialisme, plusieurs conceptions s'opposent au sein de l'action sociale catholique ; parmi celles-ci, les groupements proches de l'Action française et le Sillon de Marc Sangnier, représentent les pôles extrêmes. Ces clivages se retrouvent dans l'Association Catholique de la Jeunesse française créée en 1886 mais aussi dans les organisations populaires qui ne cachent pas leur volonté de socialisation politique.

Pour résister aux tentatives confessionnelles, les laïques s'organisent autour de l'école publique et de la Ligue de l'Enseignement. La Ligue créée par J. Macé en 1866 est destinée à contrer l'influence de l'Église en développant l'instruction publique ; son fondateur souhaite « *que le pays se couvre d'un réseau d'associations républicaines et ouvre la voie de la civilisation* ». L'appel sera entendu puisque les œuvres post et péri-scolaires, tout en limitant l'emprise confessionnelle, s'inscrivent dans un vaste projet d'éducation populaire.

Progressivement, un troisième ensemble, socialiste celui-là, se constitue en opposition ouverte avec l'Église catholique, mais aussi parfois avec la Ligue de l'Enseignement qui, à ses débuts, n'a pas pris parti pour la « culture ouvrière »[2]. Ce sont les municipalités socialistes

---

[2] MORA, E., « La diffusion de la culture dans la jeunesse des classes populaires en France depuis un siècle : l'action de la Ligue de l'Enseignement » *in Niveaux de culture et groupes sociaux*, Paris, Mouton, p. 246, 1971.

puis communistes qui, après les élections municipales de 1919 et 1925, l'aident à s'engager dans un processus d'intervention auprès de la population. La structuration des partis politiques, des syndicats et la direction de municipalités socialistes lui servent progressivement d'assise. Pour les socialistes, comme pour la Ligue de l'Enseignement, qui seront souvent associés dans les actions municipales, l'intention politique est claire ; il s'agit de préparer jeunes et adultes au bon usage du suffrage universel et éviter, comme en 1848, un échec de la République, en formant selon l'expression de Gambetta au Congrès de la Ligue en 1881, des « majorités conscientes ». En démocratisant la culture, il convient d'assurer le fonctionnement et le caractère durable de la démocratie politique. On assiste donc, à ce premier stade d'organisation, à de multiples initiatives de la société civile qui présentent la particularité, pour la première fois en France, de proposer mais aussi de mettre en œuvre les projets éducatifs concurrentiels s'identifiant aux trois clivages idéologiques majeurs du pays.

Les réseaux et leur tripartition : trois modes de représentation politique

Les mouvements d'éducation populaire et de jeunesse qui se créent sous la Troisième République ne doivent pas, pour la majorité d'entre eux, être dissociés d'ensembles socio-politiques complexes. Il s'agit d'organisations nationales dirigées par des minorités restreintes ayant une volonté de mobilisation de masse, et cherchant à obtenir le plus d'influence possible sur la société civile, afin d'agir sur l'appareil politique et de diriger l'ensemble social. Les institutions qu'elles regroupent se développent sur tout le territoire, en le quadrillant et en proposant des pratiques et des représentations du social.

Dans l'exemple français, les trois réseaux catholiques, républicains et socialistes[3], se sont progressivement structurés en s'affrontant, et en proposant trois modèles principaux de représentation ; chaque modèle est partagé par des tendances correspondant à des clivages internes. Ainsi, le système d'emprise catholique est partagé entre un courant traditionnel, un courant orthodoxe et un courant progressiste ; le système républicain se divise entre une tendance libérale et une tendance sociale ; enfin, le système socialiste se différencie en tendances réformiste et révolutionnaire.

Chaque système d'emprise a conquis une base sociale élargie qui ne peut être réduite à des éléments homogènes, même si des tendances générales de polarisation peuvent être constatées ; chaque réseau couvre plusieurs classes sociales, en dépit du noyau central des acteurs qui est, selon les époques, apparenté à une ou plusieurs strates sociales. Au début du siècle, les catholiques sont bien représentés dans la tradition paysanne et l'aristocratie, ainsi que dans la bourgeoisie industrielle, bancaire, négociante et commerçante ; les républicains ou laïques sont plus proches de la petite et moyenne bourgeoisie et de quelques fractions de la grande bourgeoisie ; le réseau socialiste représente une minorité de la paysannerie et de la petite et moyenne bourgeoisie, et une fraction plus importante de la classe ouvrière.

Cet aperçu schématique évolue au cours de la première moitié du XXe siècle, en fonction des clivages dans les réseaux. Les catholiques se rallient à la République et élargissent leur audience dans les masses populaires, grâce aux institutions de type patronage et mouvement de jeunes. Les

---

[3] Divers modèles minoritaires peuvent être associés à chacun de ces deux réseaux. Ainsi, sur certains points, le réseau protestant peut être rapproché du réseau catholique ; mais, et G. Poujol l'a bien montré, l'alliance laïque-protestant souligne que le clivage confessionnel/non confessionnel est secondaire par rapport à l'opposition laïque-catholique. *Cf.* POUJOL, G., *L'éducation populaire : histoire et pouvoirs*, Paris, Éd. de l'Atelier, 1981.

républicains qui occupent divers appareils d'État, et en particulier l'appareil scolaire, sont aussi majoritaires au parlement, et disposent de postes clés dans l'armée, la police et les télécommunications. Les socialistes acceptent progressivement l'ordre de l'État et les valeurs républicaines ; ils participent activement aux élections et certains d'entre eux se fonctionnarisent, alors que d'autres, élus, deviennent des notables locaux et abandonnent une partie de la doctrine socialiste, en s'opposant parfois aux militants syndicaux. Progressivement, le discours de l'Église, de l'État, du Parti, s'intègre à l'organisation nationale, en définissant des objectifs propres, ce contre quoi il faut lutter, ce qu'il faut défendre comme valeurs fondamentales. Dans l'action concrète et locale, ces réseaux se spatialisent et tissent leur influence dans la vie civile, et non plus seulement dans l'Église, l'École ou l'Entreprise.

Les techniques d'influence actionnées par ces systèmes d'emprises présentent un caractère global qui dénote bien leur fonction d'universalité. Elles favorisent les regroupements dans les patronages et mouvements laïques, catholiques et socialistes mais agissent dans la société sous différentes formes. C'est d'abord une action sociale de rue ou de quartier à base territoriale avec la création d'amicales, de bibliothèques, d'associations familiales[4] et la diffusion d'une presse représentative au plan national comme au plan local (journaux paroissiaux, journaux scolaires ou d'amicales et journaux de sections socialistes ou de cellules communistes). C'est ensuite l'organisation de regroupements de masse où chaque réseau se montre en spectacle en resserrant les liens de ses militants et en renforçant son influence par le déploiement de techniques de propagande (défilés, meetings, kermesses, fêtes de partis) et par l'utili-

---

[4] CHAUVIÈRE, M., « La galaxie des associations familiales », *Revue Informations Sociales*, juin 1978. À côté de plusieurs associations familiales catholiques, représentant diverses tendances, on trouve le Conseil national des Associations familiales laïques et des associations d'inspiration socialiste.

sation de rituels minutieux, de couleurs, d'hymnes, de chansons, de costumes et d'uniformes. C'est enfin l'élaboration progressive de doctrines cohérentes, soutenues par des systèmes de pensée tels le personnalisme chrétien, le rationalisme laïque et le marxisme qui proposent la réalisation d'un type humain abstrait et conforme : le croyant, le citoyen et le militant.

Chaque réseau fonctionne à partir du bénévolat et du volontariat : les acteurs œuvrent en dehors du temps de travail et en fonction de leurs disponibilités dues à leur capital culturel et à leur position sociale. Pour les croyants catholiques, le rôle des prêtres, des religieuses, mais aussi des responsables d'œuvres et de mouvements de jeunes est fondamental ; chez les citoyens républicains le rôle des loges maçonniques, Grand Orient et Grande Loge surtout, qui se conjugue avec l'action des instituteurs est essentiel ; enfin, pour les militants socialistes, c'est l'action des élus locaux, des délégués syndicaux et des partis, des comités d'entreprises et des permanents du mouvement qui est décisive[5]. Chaque réseau a trouvé, selon les époques, une ou plusieurs formes d'expression et d'organisation politique. Le mouvement laïque s'est unifié pour former une « famille spirituelle », comme disait Albert Thibaudet dans la « République des Professeurs ». Cette famille a en commun plusieurs principes, et en particulier la défense de l'instruction publique, un certain anticléricalisme et l'attachement à la République. Elle s'identifie sous la Troisième République avec le radicalisme.

Des œuvres aux mouvements de jeunes : la création de projets éducatifs globaux

Les patronages et les colonies de vacances sont les premières œuvres fondées principalement sur la paroisse ou l'école. Des organisations d'un type nouveau, à mi-

---

[5] HAUMONT, P., « La C.C.A.S., fille du syndicat », *Revue de l'économie sociale*, janvier 1987.

chemin entre les œuvres et les mouvements, se développent parallèlement et prennent de l'importance au début du siècle. Mais c'est la floraison des mouvements de jeunes pendant l'entre-deux-guerres qui constitue la nouveauté. Les différences entre ces trois modes d'action soulignent déjà le début du processus d'autonomisation et de spécialisation qui s'accentue dans les années cinquante.

Les patronages s'adressent aux jeunes des villes en dehors de la famille et de l'école et se chargent de garder les enfants que les parents ne peuvent surveiller eux-mêmes. Ils sont nés d'initiatives locales et ont pris des formes diverses avant d'être regroupés dans des fédérations nationales. Pour les confessionnels, il s'agit d'assurer le maintien d'une relation régulière avec les Églises et cela, au-delà du temps de formation religieuse qui correspond au catéchisme. S'appuyant après 1880 sur chaque paroisse urbaine, leur succès est tel que la Ligue de l'Enseignement propose d'en instaurer dans chaque école lors du congrès de Nantes en 1894. Mais le mouvement laïque aura des difficultés à trouver les cadres nécessaires pour garder les enfants et les jeunes au-delà du temps scolaire.

Les colonies de vacances apparaissent à la même époque et se chargent d'envoyer à la campagne les jeunes citadins des classes pauvres ; prises en charge par une association philanthropique, une caisse des écoles ou un patronage, elles sont suffisamment nombreuses pour que se tienne en 1906, autour du pasteur Comte, un premier congrès national[6]. Mais les participants sont divisés sur la question religieuse, et la fusion est impossible. Les catholiques se regroupent en 1909 dans l'Union Nationale des Colonies de Vacances qui devient en 1933 l'Union Française des Colonies de Vacances (U.F.C.V.). Les laïques se rassemblent en 1912 dans la Fédération Nationale des Co-

---

[6] REY-HERME, P., *Colonies de vacances. Origines et premiers développements 1881-1906*, Paris, Fleurus, 1954.
Les colonies de vacances en France, 1906-1936, Paris, Fleurus, 1961.

lonies de Vacances qui se transforme en 1933 en Union Fédérale des Œuvres de Vacances Laïques (U.F.O.V.A.L.). Au-delà du clivage laïques-confessionnels, ces colonies connaissent un vif succès et intéressent près de 100 000 enfants à la veille de 1914. Leur progression est plus importante entre les deux guerres où les municipalités, souvent socialistes ou communistes, créent leur propre colonie publique ; le nombre des colons atteint 300 000 en 1931, dépasse 400 000 en 1936, et si l'État, par le biais des ministères du Travail et de l'Hygiène en subventionne un grand nombre et exerce un début de contrôle, l'initiative reste privée pour la majorité d'entre elles.

D'autres organisations de jeunes font la transition entre les œuvres de type patronages et les mouvements de jeunesse. L'exemple vient alors de l'étranger et du mouvement protestant. C'est sur le modèle des *Young Men Christian Associations* (Y.M.C.A.) que se créent les Unions Chrétiennes de Jeunes Gens (U.C.J.G.) en 1855 et les Unions Chrétiennes de Jeunes Filles (U.C.J.F.) en 1894. La naissance en 1886 de l'Association Catholique de la Jeunesse Française (A.C.J.F.) se situe dans un contexte différent lié à la défense des œuvres catholiques avant de choisir une orientation sociale. Cette orientation s'accentue en 1900 avec la formule « Sociaux parce que catholiques ». En 1902 a lieu le premier Congrès des Cercles d'Études du Sillon avec Marc Sangnier ; en 1903, le premier congrès social de l'A.C.J.F. et en 1904 la première semaine sociale de France. Là encore, comme dans le domaine des œuvres, il convient de souligner le double caractère de positionnement socio-politique et d'orientation éducative des organisations, qui se précise avec les mouvements de jeunesse.

Les mouvements qui se multiplient après 1920 sont bien souvent les prolongements des œuvres et des organisations créées jusqu'alors, et le scoutisme apparaît en France à la veille de la guerre de 1914 chez les protestants qui sont plus sensibles à l'influence anglo-saxonne : les

Éclaireurs Unionistes sont créés en 1911 et les Éclaireurs de France neutres peu après. Les catholiques, d'abord réticents, fondent les Scouts de France en 1921 et les Guides en 1922. Le succès de la méthode proposée par Baden Powells : « Scouting for Boys », est rapide puisque près de 80 000 scouts dont 60 000 catholiques sont affiliés aux divers groupements en 1933.

La méthode scoute influence l'ensemble des œuvres catholiques, et en particulier les patronages qui créent le mouvement Cœurs Vaillants en 1929 où la pédagogie de l'équipe, la prise de responsabilités et la découverte de la nature se développent. L'A.C.J.F. se transforme également mais se différencie du scoutisme en proposant sa propre conception du rapport individu/société[7]. Il s'agit de favoriser l'action de groupes de jeunes afin de prendre en charge un milieu et de le faire évoluer ; la pédagogie est fondée sur l'enquête qui doit être suivie par un engagement collectif que résumera plus tard le slogan : « voir, juger, agir ». Pour rendre opérationnelle cette pédagogie, l'A.C.J.F. se spécialise par milieux sociologiques. La Jeunesse Ouvrière Catholique (J.O.C.) est créée en 1927, suivie de la J.O.C.F. en 1928, puis de la Jeunesse Agricole Catholique (J.A.C.), de la Jeunesse Étudiante Catholique (J.E.C.) en 1929 et de la Jeunesse Indépendante Catholique (J.I.C.) en 1933. Le déploiement des mouvements d'action catholique à partir de l'A.C.J.F. est renforcé par le fait que la reconquête des classes laborieuses devient une des préoccupations majeures des catholiques. C'est en premier lieu la jeunesse qui est chargée de cette adaptation. Elle devient une jeunesse missionnaire et découvre que le social ne peut indéfiniment servir d'alibi au politique, inquiétant alors une partie du clergé et les organisations plus anciennes d'adultes. À ce niveau, il semble bien que les mouvements catholiques n'aient pas été imposés par les hiérarchies

---

[7] COUTROT, A., « Les mouvements de jeunesse en France dans l'entre-deux-guerres », *Les Cahiers de l'Animation*, n° 32, 1981.

nationales selon un plan préétabli ; ils sont dus à des initiatives diverses, locales pour la plupart, des laïcs, parfois des prêtres ou des deux conjointement.

Le déploiement de l'action catholique pour les jeunes dans l'entre-deux-guerres

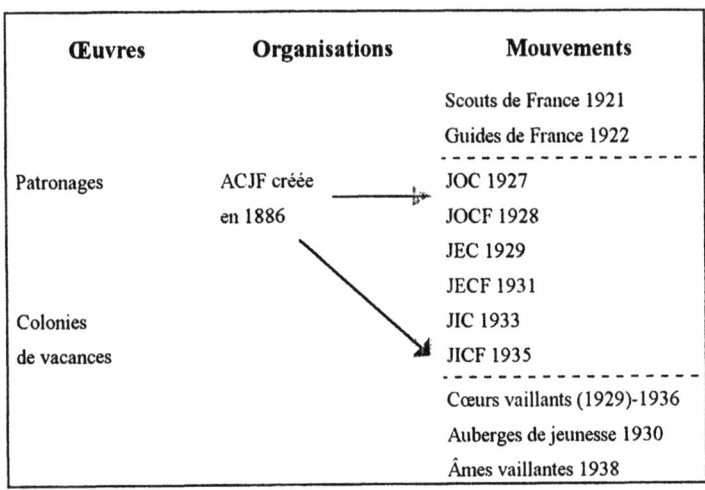

Du côté laïque les mouvements sont moins nombreux. Les Éclaireurs de France sont les plus représentatifs, mais ils ont des liens assez lâches avec les œuvres laïques et la Ligue de l'Enseignement qui gardent comme modèle le soutien à l'école et aux œuvres péri-scolaires. En 1933, les jeunes instituteurs se voient refuser par le Syndicat National des Instituteurs l'organisation d'une branche jeune qui risque d'échapper au contrôle de leurs instances. Les difficultés rencontrées par les milieux laïques pour créer des mouvements viennent, selon A. Coutrot, d'une double antinomie entre l'école et le mouvement, antinomie de méthode et antinomie de terrain[8] : « *Ainsi le système scolaire est-il*

---

[8] COUTROT, A., « Élites et militants dans la société française contemporaine », Rapport présenté en soutenance pour l'obtention du Doctorat d'État en science politique, Institut d'Études Politiques de Paris, 1983.

imperméable à l'idée de mouvement de jeunesse et bien entendu fort hostile à ceux qui existent, puisqu'ils sont pour la plupart d'inspiration confessionnelle (...). La seule contre-offensive notable est la création en 1931 du Centre Laïque des Auberges de Jeunesse pour faire pièce à la Ligue Française des Auberges de Jeunesse d'inspiration spiritualiste. »

Il faut attendre 1936 pour que se constituent les Centres d'Entraînement aux Méthodes Pédagogiques Actives (C.E.M.P.A.) qui deviendront rapidement les Centres d'Entraînement aux Méthodes Éducatives Actives (C.E.M.E.A.). C'est à la Libération que naissent les Francs et Franches Camarades. Le mouvement des Auberges de Jeunesse se développe plus tôt et bénéficie de l'impulsion donnée par le Front Populaire.

Alors que le scoutisme a été créé par un militaire anglais en 1907, le mouvement des Auberges de Jeunesse est fondé en 1911 par un instituteur allemand, R. Schirman, qui souhaite favoriser les échanges mais aussi la prise en charge par les jeunes des lieux de rencontres. Des expériences similaires se développent en Europe centrale, dans les pays scandinaves puis en Grande-Bretagne et aux États-Unis avant la première guerre mondiale. En France, c'est seulement en 1929 que Marc Sangnier ouvre une première auberge dans son domaine de Bierville en Seine-et-Oise et fonde un an plus tard la Ligue Française pour les Auberges de Jeunesse (L.F.A.J.). Comme dans le cas des patronages et des colonies de vacances, les laïques suscitent un organisme concurrent, le Centre Laïque des Auberges de la Jeunesse (C.L.A.J.) avec le soutien de la Ligue de l'Enseignement, du syndicat national des instituteurs, de la Fédération Générale de l'Enseignement, et pour la première fois, de la Confédération Générale du Travail[9]. L'essor des auberges est rapide, notamment après les lois sur les con-

---

[9] HELLER-GOLDENBERG, L., « La querelle des auberges de jeunesse », *Les Cahiers de l'animation*, n° 57-58, 1986.

gés payés, et la France compte en 1939, 900 installations et 40 000 adhérents. L'Ajisme laïque, alors dominant, a forgé un mouvement, qui limitant la doctrine, s'oppose à la majorité des organismes confessionnels ; ses fondements viennent de divers courants proches du mouvement ouvrier où se mêlent anarchisme, socialisme et communisme, mais aussi des pédagogues de la méthode Freinet[10]. Les ajistes créent des groupes d'usagers et valorisent l'autogouvernement, la valeur éducative du travail manuel, la mixité et le travail en équipe ; ils sont sensibles aux idées pacifistes de J. Giono et certains cherchent à implanter des phalanstères dans le midi de la France. Ces orientations entraîneront l'hostilité du régime de Vichy à leur égard.

Les réseaux socialistes ont également créé leurs propres mouvements de jeunesse ; outre la participation active aux auberges de jeunesse et l'organisation des Jeunesses Socialistes pour les plus de dix-huit ans, ils ont favorisé en 1932 la naissance des Faucons Rouges qui se présentent comme le mouvement de l'enfance ouvrière. Son but avoué est de soustraire les enfants des travailleurs de six à dix-huit ans à l'influence des formations cléricales et bourgeoises en se donnant pour tâche de « former les cadres pour l'instauration de la société socialiste future selon des méthodes pédagogiques nouvelles, enrichies de l'expérience originale des républiques d'enfants ». Le mouvement est aussi composite que celui des auberges et rassemble dans des débats houleux les diverses tendances déjà évoquées. Les initiatives pédagogiques sont réelles avec l'introduction de la mixité et de l'autogestion dans les républiques d'enfants[11]. Implanté dans les grandes villes, le mouvement reste marginal et ne compte que 2 000 adhérents en 1939.

De leur côté, les communistes ont, dans les années vingt, organisé les Jeunesses Communistes qui se rassem-

---

[10] COPFERMANN, E., *Problèmes de la jeunesse*, Paris, Maspéro, 1967.
[11] PERREIN, L., « Les Faucons Rouges ou mouvement de l'enfance ouvrière, 1932-1939 », *Les Cahiers de l'Animation*, n° 32, 1981.

blent chaque année en congrès et disposent de leur journal, l'Avant-garde[12]. Avant d'être J.C., les enfants et adolescents de dix à quatorze ans sont Pionniers. Un document diffusé autour des années trente souligne l'engagement politique : « *Jeunes camarades, enfants du prolétariat, vous êtes une source magnifique d'espérance pour l'avenir du communisme. Venez, venez vers nous, la classe ouvrière vous attend. Vous n'avez rien à faire avec ceux qui vous apprennent la soumission envers les puissants du jour. Allons-nous continuer à confier nos enfants aux ennemis de la République ?... Sous le rouge fanion des Pionniers, unissez vos cœurs et vos destinées !* »

Le mouvement prévoit une série d'actions pour les jeunes ouvriers et le texte de la promesse des Pionniers est ainsi formulé : « *Moi, Pionnier, je fais sur mon honneur et devant tous mes camarades le serment solennel : 1° de servir le prolétariat dans sa lutte pour son émancipation ; 2° de respecter la loi et les principes des jeunes Pionniers.* »

Au-delà des clivages des réseaux, ce premier stade d'organisation se caractérise par la définition progressive, à l'initiative de la société civile et en dehors ou à côté de l'école, de projets éducatifs globaux. L'école étant chargée d'assurer l'instruction publique, les réseaux proposent une formation intégrale qui vise la vie réelle, concrète, totale du jeune. Ces projets se situent dans le prolongement des ambitions éducatives des philanthropes bourgeois ou des ecclésiastiques du début du siècle, mais aussi des propositions hygiénistes des médecins. Dans ce jeu, les familles se trouvent en partie dépossédées de leur rôle éducatif traditionnel ; elles sont amenées à confier les enfants et les jeunes à de nouvelles organisations d'encadrement. Celles-ci, grâce à un véritable quadrillage institutionnel des villes, cherchent à étendre leur emprise et à faire participer les jeunes à leurs enjeux particuliers.

---

[12] VARIN, J., *Jeunes comme Jeunesses Communistes*, Paris, Éd. sociales, 1975.

Organisés progressivement à partir de l'expérimentation locale des œuvres et organisations, les mouvements de jeunesse ont pris à la fin de l'entre-deux-guerres une ampleur considérable ; ils intéressent tous les milieux sociaux et tous les réseaux politiques. Sous des formes différentes, ils proposent aux jeunes urbains un engagement et une mise en scène où se retrouvent souvent l'uniforme, les foulards, les drapeaux, mais aussi un ressourcement hors des villes qui permet une connaissance de soi, de ses virtualités et de son identité, et favorise un esprit communautaire fondé sur l'effort, la marche et la veillée.

Il ne faut cependant pas surestimer le nombre de jeunes touchés par ces mouvements (un ou deux sur dix et plus de garçons que de filles), et surtout les groupes sociaux et affinitaires n'y ont pas le même poids sociologique ; ce sont les filières confessionnelles qui regroupent la grande majorité d'entre eux. Celle du protestantisme a l'antériorité, et dès le début des années trente, l'U.C.J.G., le scoutisme unioniste et la Fédération des étudiants chrétiens se coordonnent dans un comité intermouvements qui deviendra pendant la guerre le Centre protestant de la jeunesse. Celle du catholicisme rassemble le plus de jeunes, elle propose une grande variété de mouvements spécialisés par milieux alors que les Scouts et les Guides de France deviennent les fédérations dominantes du scoutisme français. L'explication de cette hégémonie confessionnelle des mouvements de jeunes tient à la place qu'occupent ces milieux dans les domaines sanitaire, social et éducatif. Ils exercent des fonctions de suppléance dans un secteur où le rôle de l'État et des collectivités locales est encore limité, et disposent surtout d'une « infrastructure » locale et de l'influence de l'éducation religieuse qui reste forte. Cette faible représentation des milieux ouvriers dans les mouvements amène parfois à identifier ces derniers à une représentation des classes moyennes et bourgeoises, mais les méthodes pédagogiques proposées engagent les jeunes vers des actions et des projets communautaires qui ne sont pas nécessairement ceux de la bourgeoisie établie.

Les études sont trop rares sur cette longue période pour savoir quand et comment, à côté de la tutelle que les organisations adultes leur imposent, les jeunes ont disposé d'une relative marge de manœuvre. Nous serions tentés de partager l'interprétation d'A. Coutrot[13] et de considérer que si la jeunesse a bien été un enjeu social et politique, elle n'est pas restée totalement captive. L'analyse des revues et comptes rendus d'activités, comme les témoignages des responsables des organisations dans les années trente laissent apparaître qu'à côté d'un strict encadrement, des formes de sociabilités nouvelles s'organisent autour des patronages, du scoutisme mais aussi d'activités de ciné-club, de théâtre, de jeux sportifs et de plein air. De plus, les méthodes d'observations et d'analyses créées au siècle dernier par Le Play se développent, et après avoir inspiré le catholicisme social, favorisent une distanciation par rapport aux idéologies. G. Poujol[14] note l'importance de ces méthodes, la valeur opératoire de l'enquête empirique, du rassemblement des données brutes et de la monographie. Les perspectives offertes par le Front Populaire et les initiatives en faveur des loisirs permettent également une certaine ouverture avec notamment la progression des déplacements et la multiplication des auberges de jeunesse.

La juxtaposition de plusieurs projets éducatifs globaux dépendant des réseaux est ébranlée par l'occupation allemande et les perspectives de la Révolution nationale. Le régime de Vi-

---

[13] COUTROT, A., *op. cit.*, 1981.
L'auteur note : « On n'entre pas dans le scoutisme parce qu'on veut être "toujours prêt" selon la devise, ni à la J.O.C. pour rechristianiser la classe ouvrière, ni aux U.C.J.G. ou à la Fédération pour participer à la Mission (c'est le langage du mouvement protestant). Certes, ce sont des découvertes faites dans le mouvement qui engagent certains êtres tout entiers dans le militantisme. Mais initialement, on vient au mouvement de jeunesse pour retrouver d'autres jeunes, pour trouver l'amitié, la fraternité, pour faire quelque chose ensemble. »
[14] POUJOL, G., *Profession animateur*, Toulouse, Privat, 1989.

chy, en valorisant certains mouvements (le scoutisme par exemple), en interdisant plusieurs groupements (socialistes et laïques) et en créant ses propres institutions, prépare un nouveau stade d'organisation pour la jeunesse et les mouvements d'éducation populaire.

Le second stade des organisations : la rencontre forcée des réseaux privés et des orientations gouvernementales 1940-1958

C'est la rencontre forcée des initiatives privées avec les projets politiques qui caractérise le second stade des organisations de jeunesse et d'éducation populaire. Déjà sous le Front populaire, la jeunesse est devenue une préoccupation étatique symbolisée par la création d'un sous-secrétariat d'État chargé des Sports et des Loisirs. Le gouvernement de Vichy renforce le processus public en inversant l'arrière-plan idéologique et politique qui le sous-tendait et en donnant de nouveaux moyens et objectifs aux institutions de jeunes. Cette intervention plus active de la puissance publique se maintient sous des formes adaptées à la Libération où Jean Guéhenno se voit confier une direction des mouvements de jeunesse et d'éducation populaire au ministère de l'Éducation nationale. En officialisant les actions engagées, l'État favorise une mobilisation sans précédent.

L'analyse du pouvoir présentée dans l'introduction amène à considérer les organisations autrement que comme un ensemble mécanique de rouages agencés et mus par une rationalité unique. Cet ensemble apparaît comme un univers de conflits dont l'état toujours instable résulte d'affrontements dépendants des conjonctures politiques et sociales. L'étude des crises qui traversent les organisations, tant au plan national qu'au plan local, permet d'éclairer le jeu de relations qu'elles tissent avec l'État et ses segments administratifs locaux, mais aussi avec la hiérarchie de chaque réseau ; ce jeu complexe est un des éléments qui préparent l'émergence du nouveau modèle d'animation.

Vichy, la Libération et l'apogée des mouvements de jeunesse

Les mouvements de jeunes créés dans l'entre-deux-guerres ont acquis en 1936 un premier soutien de la part de l'État. Il s'agissait, pour le gouvernement Léon Blum, qui en avait confié la charge à Léo Lagrange, de souder la jeunesse française et de favoriser ses organisations face au modèle des jeunesses militarisées d'Italie et d'Allemagne. Le gouvernement de Vichy poursuit cette action, mais propose une perspective bien différente : alors que le Front Populaire refusait l'embrigadement, le gouvernement de Vichy, dans sa volonté de lutte contre la division, tente, dans un premier temps, d'unifier les mouvements de jeunes. Mais il est divisé sur l'orientation à donner, et surtout l'Église catholique, qui est en position forte, tient à conserver une très relative indépendance[15]. Le gouvernement, afin de contrôler les mouvements d'éducation populaire crée un Secrétariat Général à la Jeunesse (S.G.J.) en juillet 1940 et dissout plusieurs mouvements socialistes et laïques, et notamment, la Ligue de l'Enseignement en 1942. Le S.G.J., confié à Georges Lamirand, ingénieur de Renault et ancien responsable des Scouts de France, propose une procédure d'agrément, demande aux mouvements de s'inspirer de la Révolution nationale et de former des « chefs » dans les nouvelles écoles de cadres. Cette formule permet d'aider prioritairement les mouvements catholiques, surtout ceux qui se réclament du scoutisme. Créé durant l'été 1940, le nouvel organisme du Scoutisme français rassemble l'ensemble des mouvements scouts et permettra de « protéger » ceux qui seront les plus menacés, les scouts laïques et surtout les scouts israélites. Les mouvements doivent sortir de leurs réseaux d'origine pour aborder les problèmes généraux des jeunes et participer à

---

[15] COMTE, B., « À propos de l'action d'Emmanuel Mounier dans les organisations de jeunesses aux débuts du régime de Vichy. (1940-1941) », in CHOLVY, G., *Mouvements de jeunesse chrétiens et juifs : sociabilité juvénile dans un cadre européen, 1799-1968*, Paris, Cerf, 1985.

l'élaboration d'un projet pour la jeunesse ; dans ce jeu, ils font l'expérience forcée de choix politiques et commencent à refuser le pseudo apolitisme de naguère.

Vichy organise aussi ses propres institutions. Il crée les maisons de jeunes, les clubs de loisirs et les foyers d'éducation sociale et civique ; il conserve et développe surtout les organisations forgées dès l'été 1940 : les Compagnons de France et les Chantiers de Jeunesse. Les écoles de cadres se multiplient, on en compte une centaine : trois écoles nationales dont celle d'Uriage qui reste la plus connue, douze écoles régionales, une cinquantaine contrôlée par la S.G.J. et quelques dizaines dirigées par d'autres organismes. L'importance de ces écoles est décisive, car elles définissent pour les mouvements de jeunes des pratiques spécifiques qui sont bien différenciées des méthodes de l'institution scolaire, et elles imposent aux cadres des mouvements une formation et une qualification.

À côté du Secrétariat Général à la Jeunesse, Vichy installe un Commissariat à l'Éducation Générale et aux Sports qui est confié à J. Borotra, polytechnicien et champion de la Coupe Davis en 1927, et dont la mission dépasse la simple éducation physique en incluant musique, chant, travaux manuels, arts plastiques... ; Borotra crée une administration autonome qu'il veut proche de l'institution scolaire, sans doute pour mieux peser sur elle, oblige les clubs sportifs à se regrouper sur le plan local et à s'affilier en fédérations nationales, développe les équipements et le sport scolaire et maintient le brevet sportif populaire de Léo Lagrange qui se transforme en brevet sportif national.

L'essentiel de cette organisation n'est pas rejeté à la Libération, même si les mouvements directement créés par Vichy (les Compagnons et les Chantiers) sont dissous et si une partie du folklore ruralo-militaire est abandonnée. Dans les pratiques, beaucoup d'éléments subsistent jusqu'au milieu des années cinquante, et en particulier les chants patriotiques et le lever aux couleurs, qui est maintenu dans les colonies de vacances et les mouvements de jeunes, qu'ils soient d'obédience laïque, catholique ou socialiste. Les instances administratives mises en place par Vichy sont remaniées, mais reconduites alors qu'un réseau d'inspecteurs départementaux de la Jeunesse et des Sports, distinct de la hiérarchie académique, est fondé (décret du 17 juin 1946). Cette administration va progressivement renforcer le contrôle étatique et une évolution apparaît clairement pour les colonies de vacances, dont le fonctionnement (l'improvisation et la prise en charge collective disparaissent) et les normes d'encadrement sont précisés. La codification de la réglementation des colonies se poursuit jusqu'en 1970, pénalisant les petites colonies organisées par les paroisses et les écoles, par rapport à celles financées par les municipalités ou les comités d'entreprises.

Le contrôle étatique est moins fort sur les mouvements de jeunes qui bénéficient d'autorisations spéciales pour l'organisation des camps d'enfants et de jeunes, mais il favorise leur institutionnalisation, notamment en fonction des conditions de plus en plus strictes d'attribution de subventions. Ces mouvements sont, par ailleurs, les interlocuteurs privilégiés des pouvoirs publics, qui les consultent régulièrement. Ils ont gardé l'habitude d'une concertation prise pendant la guerre entre mouvements d'appartenance opposée, qui débouche sur des comités de coordination d'organisations de jeunesse. La première tentative se situe à la Libération, et voit la constitution de l'Union Patriotique des Organisations de Jeunes (U.P.O.J.) où collaborent communistes, laïques et chrétiens, qui tente de créer une caisse autonome des mouvements de jeunes, mais finit par se dissoudre devant la diversité des tendances idéologiques et des enjeux politiques autour du Plan Marshall. Le P.C., qui a quitté le gouvernement, dénonce le « Parti américain », la servilité des socialistes et soutient les grèves de la fin 1947, alors qu'à la C.G.T., le courant Force Ouvrière, favorable au Plan Marshall, entraîne la scission syndicale. Les conséquences de l'année 1947 sont décisives pour les jeunesses politiques ; elles entérinent les pourparlers d'unité et rendent impossible le regroupement général de la jeunesse. À partir de cette date, les mouvements strictement politiques sont exclus des organismes de concertation ; ils devront créer des services techniques comme la Fédération des Foyers Léo Lagrange à l'initiative de P. Mauroy et de la S.F.I.O. en 1951 pour y garder une représentation. La crise dépasse le cadre français puisque la Fédération Mondiale de la Jeunesse Démocratique, où communistes et chrétiens se retrouvaient, subit les conséquences de la division des alliés de la veille. L'A.C.J.F. catholique et le C.P.J. protestant se séparent des jeunesses communistes et suscitent la création du WAY (World Assembly of Youth), dont le comité français, après l'échec de l'U.P.O.J., devient le Conseil Français des Mouvements de Jeunesse (C.F.M.J.)[16].

La marginalisation des jeunesses politiques renforce la légitimité des organisations laïques et confessionnelles auprès de la population et des pouvoirs publics ; ceux-ci se développent et se consolident jusqu'au début des années soixante où ils atteignent leur apogée[17] : les camps et colonies de vacances accueillent 1 300 000 jeunes, les mouvements d'enfants en rassemblent un nombre équivalent (60 000 Cœurs Vaillants et Âmes Vaillantes, 350 000 Francs et Franches Camarades, autres, 200 000), alors que les mouvements de jeunes (Scoutisme, Ajisme, Mouvement d'action catholique et protestant) dépassent le million d'adhérents. Durant cette période, les mouvements cherchent constamment à proposer des méthodes éducatives nouvelles : Michel Menu invente pour les Scouts de France la méthode Raiders, alors que les Éclaireurs de France adoptent la mixité dans leurs clans Routiers et s'efforcent de dépouiller leur mouvement d'un folklore jugé dépassé.

L'État, par le biais des services départementaux et des inspecteurs de la Jeunesse et des Sports, soutient et contrôle les organisations de jeunesse, mais les crédits sont rares puisque la priorité est donnée à la reconstruction du potentiel économi-

---

[16] « Les organisations de jeunesse en France », *Notes et études documentaires*, Paris, La Documentation française, 1972.
[17] *Les organisations de jeunesse en France*, *op. cit.*, 1972. Voir aussi DUFRASNE, C., « Les mouvements de jeunesse », *in Des millions de jeunes*, Paris, Cujas, 1966.

que et aux armées depuis le début de la guerre d'Indochine en 1946. Le gouvernement Mendès France en 1954 marque pourtant un changement dans les rapports entre le pouvoir politique et les forces de la société civile. Après les accords de Genève qui mettent fin à la guerre d'Indochine, il impulse les commissions ministérielles de la Jeunesse où les délégués des mouvements se confrontent aux représentants des ministères et il institue le premier Secrétariat d'État à la Jeunesse rattaché à la Présidence du Conseil pour coordonner les actions engagées. La courte législature Mendès France ne permet pas de résultats décisifs, mais les structures créées seront légalisées par les gouvernements successifs, et la Cinquième République y trouvera les fondements administratifs qu'elle n'aura plus qu'à développer. Les organisations de jeunesse acceptent et revendiquent la reconnaissance que leur proposent les pouvoirs publics, mais plusieurs d'entre elles, notamment celles qui s'intéressent aux plus âgés, l'A.C.J.F., la Route des Scouts de France et l'U.N.E.F. sont confrontées aux évolutions urbaines et politiques du pays ; elles rencontrent de nouveaux problèmes d'insertion qui ne trouvent pas de solution dans la simple diffusion des actions et doivent faire face à des crises internes qui les fragilisent.

L'institutionnalisation des organisations d'éducation populaire

Dans le même temps, plusieurs organisations d'éducation populaire engagent des relations nouvelles avec les segments administratifs de l'État[18]. Il en est ainsi du mouvement Peuple et Culture créé à la Libération et qui par l'intermédiaire de ses experts, J. Dumazedier, J. Rovan et B. Cacéres, interpelle les pouvoirs publics et souhaite que s'élabore en France une dynamique culturelle en dehors des clivages traditionnels de la société.

---

[18] AMIOT, M., FREITAG, M., *Rapport sur l'étude de l'administration centrale de la Jeunesse et des Sports,* École pratique des hautes études. VIe section, Paris, 1968.

La Ligue de l'Enseignement s'était donnée pour but d'assurer l'établissement de la scolarisation gratuite, laïque et obligatoire. Ayant réussi dans son entreprise, la Ligue a déplacé ses objectifs et transformé son organisation dès la fin du XIXe siècle. Trois mutations se succèdent. La Ligue décide d'abord d'intervenir dans le domaine péri-scolaire en amont de l'école : son action est d'inspiration sociale et consiste à rendre possible et effective la fréquentation de l'école au moyen d'œuvres de toutes sortes. Une seconde mutation se produit lorsqu'elle se donne une organisation départementale et non plus nationale. Elle prend alors la dénomination de Confédération Générale des Œuvres Laïques et agit en aval de l'école, favorisant la création d'activités diverses, sportives et culturelles, regroupées dans les Unions Départementales. Dissoute en 1942, la Ligue se reconstitue à la Libération et devient la plus importante fédération d'éducation populaire du pays. Elle engage dès la fin des années cinquante une troisième mutation qui l'amène à abandonner dans sa dénomination le terme « d'œuvres » pour s'intituler Ligue Française de l'Enseignement et de l'Éducation Permanente. Elle redéfinit son organisation par rapport aux différents milieux socio-géographiques : le secteur urbain, le secteur rural et le secteur scolaire, et propose pour chacun d'eux une institution type. Le foyer de jeunes et d'éducation populaire en milieu urbain, le foyer rural de jeunes et d'éducation populaire en milieu rural et le foyer d'établissement dans le secteur scolaire deviennent les bases d'action de la Ligue qui, par cette dernière transformation, réussit à s'adapter à la mode des équipements sans perdre le contrôle des nouvelles institutions.

Avec la Ligue de l'Enseignement, la F.F.M.J.C. est, à la fin des années cinquante, une des organisations émargeant à l'administration de la Jeunesse et des Sports. Née à Lyon à la Libération sous la dénomination de République des Jeunes, elle regroupe des militants issus des organisations vichyssoises de formation de cadres ayant pris une part active dans la Résistance. Elle est présidée à son origine par

André Philip, ancien ministre socialiste du gouvernement provisoire instauré à la Libération, qui en justifie la création[19] : « *Cette jeunesse diverse, libre et responsable, ne doit pas se répartir en mouvements rivaux s'ignorant les uns des autres, d'où la nécessité d'institutions ayant pour but de rapprocher les diverses organisations en vue d'une coopération féconde, et de mettre à la disposition de tous certains moyens d'action* ».

Après trois ans de fonctionnement, la République des Jeunes prend son nom actuel en mai 1947 et le transfert de son siège à Paris manifeste ses ambitions de rassemblement national. La F.F.M.J.C. adopte les trois principes : pluralisme et laïcité, service semi-public, cogestion, sur lesquels fonctionnent les maisons qui lui sont rattachées. Créée avec le soutien des pouvoirs publics, elle définit dès 1947 un statut des directeurs de M.J.C. Par deux fois, en 1951 et 1957, la F.F.M.J.C. a établi d'ambitieux plans quinquennaux d'extension des M.J.C. proposés à la commission Le Gorgeu, chargée de la planification pour le Ministère de l'Éducation Nationale. Ces projets qui visaient à couvrir le territoire ne furent pas réalisés mais eurent l'avantage d'ouvrir la voie à la programmation officielle des équipements socio-culturels qui allaient débuter en 1961.

Une troisième organisation, celle des Auberges de Jeunesse, illustre la tendance à l'institutionnalisation déjà visible avec la Ligue d'Enseignement et la F.F.M.J.C. Le clivage des mouvements ajistes résultant des années trente subsiste à la Libération : les confessionnels constituent une association technique, la Ligue Française pour les Auberges de Jeunesse (L.F.A.J.), alors que le Mouvement uni devient le Mouvement Laïque des Auberges de Jeunesse (M.L.A.J.). Une première évolution amène, en 1952, la création de la Fédération Nationale des Auberges de Jeunesse (F.N.J.A.), autogestionnaire, qui reprend le réseau et les adhérents du

---

[19] PAQUIN, C., « De la République des Jeunes à la F.F.M.J.C. », *Les Cahiers de l'animation*, n° 57-58, 1986.

M.L.A.J.. Cette création se fait à l'initiative du ministère de l'Éducation Nationale, elle est alors critiquée par l'O.C.C.A.J. qui y voit la mainmise des réseaux laïques et socialistes. Ces associations ont peu de contacts entre elles et contraignent leurs adhérents à une double affiliation pour fréquenter au cours de leur périple les auberges de leur choix. Une telle situation limite l'extension du réseau d'accueil, le recrutement de nouveaux adhérents, et s'oppose surtout aux groupements ajistes unifiés qui existent dans les pays voisins. Les pouvoirs publics, considérant que cette situation est préjudiciable aux jeunes français et étrangers, interviennent en 1956, par l'intermédiaire du Ministère de l'Éducation Nationale, qui subordonne l'octroi de subventions à l'unification des deux organisations. Le M.L.A.J. est alors divisé entre une tendance militante et une tendance technocratique ; cette dernière l'emporte et permet la fusion de plusieurs groupes et la naissance de l'actuelle Fédération Unie des Auberges de Jeunesse (F.U.A.J.) qui s'engage dans la voie de la dépolitisation.

La F.U.A.J. illustre ainsi les risques et les avantages de l'institutionnalisation : perte de l'engagement militant mais acquisition de nouveaux moyens financiers pour l'achat de terrains et la construction d'auberges dans les villes. À Bordeaux, comme dans de nombreuses autres villes, les petits préfabriqués (50 lits) montés en périphérie par des bénévoles sont abandonnés pour la nouvelle auberge municipale édifiée en 1963 (350 lits) grâce au financement de l'État et de la ville. Les associations départementales qui ont ouvert la voie de l'action se transforment en assemblées de gestionnaires dominées par les représentants des administrations de tutelle et des notables locaux ; elles annoncent déjà un nouveau système d'animation où vont se confronter logique militante et logique technicienne se présentant comme une perspective relevant d'un service quasi-public et neutre, c'est-à-dire hors de toute position partisane.

Le second stade des organisations de jeunesse et d'éducation populaire se caractérise par une imbrication plus grande entre les services administratifs de l'État et les réseaux civils d'où émergent trois tendances :

- Une politique publique de la jeunesse est en voie d'élaboration ; celle-ci, bien qu'amenée à respecter désormais la diversité et le pluralisme des réseaux institutionnels, assure une certaine continuité par le biais de contrôles administratifs et d'orientations de plus en plus précises. À côté du Ministère de l'Éducation Nationale et des Affaires Sociales, de nouveaux services s'organisent, au plan national et au plan local, dans le domaine de la jeunesse et des sports.

- De leur côté, les organismes de jeunesse se renforcent et prennent l'habitude de la concertation ; ils participent à des commissions chargées d'élaborer des projets pédagogiques (centres aérés et colonies de vacances par exemple), d'assurer la formation des bénévoles des associations d'éducation populaire et d'aborder l'ensemble des problèmes susceptibles d'intéresser la jeunesse. Il est significatif de noter que parmi les membres du Haut Comité de la Jeunesse de France et d'Outre-Mer créé le 22 juin 1955 se côtoient Maurice Herzog, président du Club Alpin Français, Pierre Mauroy, secrétaire général de la Fédération Nationale des Clubs de Loisirs Léo Lagrange, Henri Laborde, délégué général des C.E.M.E.A. et Michel Debatisse, président de la J.A.C.

- C'est de la rencontre, au niveau parisien, mais aussi dans chaque agglomération, des agents des segments administratifs de l'État et des représentations des réseaux civils, que vont naître progressivement les nouveaux référentiels des politiques publiques de la jeunesse et notamment les notions d'équipements et d'animation « neutraliste ». L'acceptation de référentiels communs est le résultat d'une double évolution liée à une nouvelle conception de l'État et à l'atténuation des divisions sociopolitiques. L'État, se faisant plus pragmatique, est amené à considérer qu'il n'a pas à connaître aussi fortement que par le passé la nature confessionnelle, politique ou laïque des institutions pour les soutenir ; cette tendance a été perçue dès la fin de la période de la Libération[20] :

« *Un nouvel imaginaire éducatif et social est né ici sans bruit, à la suite d'une conjonction de facteurs et de nécessités, un imaginaire pluraliste qui institutionnalise les groupements intermédiaires et les familles spirituelles et qui voit dans cette opération les fondements de la liberté et de l'efficacité, tout en plaçant encore l'institution scolaire hors de sa visée* ».

L'autre évolution vient des réseaux civils eux-mêmes qui admettent une relative neutralisation de leur système de valeurs pour s'engager dans un projet d'animation pluraliste susceptible de jouer un rôle dans les transformations urbaines en cours. Pour L. Giard[21], ce projet a pris sa source dans une fraction du réseau catholique ; il a été diffusé notamment par la revue *Esprit* et a inspiré plusieurs courants associatifs dont l'Union Française des Centres de Vacances. Si le ralliement des catholiques est indispensable à la mise en place du projet neutraliste d'animation, d'autres organisations l'ont favorisé comme la Fédération des M.J.C., le mouvement Peuple et Culture et la Ligue de l'Enseignement.

L'émergence des notions d'équipement et d'animation « neutraliste » est le résultat d'une longue histoire qui s'articule sur l'autonomisation progressive dans le discours social de la catégorie jeunesse et d'une phase de pacification idéologique après les conflits des cinquante premières années du siècle. Les œuvres, les organisations, les mouvements de jeunes ont préparé le terrain. Leur clivage, leur concurrence, loin de les contrarier, ont stimulé les entreprises. À cette première période se substitue un renforcement de

---

[20] MARTIN, J.-P., « Éducation populaire, l'espérance contrariée », *Les Cahiers de l'animation*, 57-58, 1986.
Voir aussi WINOCK, M., *Histoire politique de la revue Esprit, 1930-1950*, Seuil, Paris, 1975.
[21] GIARD, L., « L'institution culturelle et la science », *Esprit*, n° 5, 1979.

l'intervention de l'État. Ce dernier et ses segments administratifs orientés par la forte demande des mouvements d'éducation populaire et de jeunesse vont intervenir massivement. La machine est amorcée, l'offre publique se substitue à l'offre privée et ce système fonctionne à plein rendement pour faire face à la montée des jeunes et à la forte urbanisation de la période 1962-1974.

Chapitre 2

LA CONSTITUTION DU SYSTÈME D'ANIMATION : le renforcement de l'État et des collectivités territoriales (1958-1998)

La notion d'animation qui s'impose progressivement résulte d'un ensemble complexe initié à la fois par les avancées des mouvements et fédérations d'éducation populaire depuis le début du siècle et par la conception jacobine de l'État en France. Cette notion, comme celle de ministère de la Jeunesse et des Sports s'inscrit dans une vision politico-administrative française qui marque sa différence dans l'espace européen puisqu'il est absent dans les autres États de l'Union Européenne généralement décentralisés, mais perdure dans celle des États issus des anciennes colonies françaises. On peut admettre avec Michel Héluwaert[1] que les notions françaises d'animation et de ministères de la Jeunesse et des Sports résultent de la recherche d'un équilibre entre un modèle d'État privilégié par les systèmes totalitaires des années 1930 à 1980 en Europe et celui des nations anglo-saxonnes valorisant les principes du libre regroupement des citoyens dans une perspective libérale. Impulsés et financés par l'État, les équipements et services qui accompagnent l'émergence de l'animation participent d'une définition franco-française d'intervention publique qui tente de réaliser un équilibre entre ces deux modèles.

---

[1] HELUWAERT, M., Jeunesse et Sports, réflexions sur un concept d'avenir, Montpellier, 1999.

Ce qui fait « système » dans cet ensemble, c'est l'engagement des réseaux civils dans sa constitution et le renforcement de l'intervention de l'État et des collectivités locales.

La nouveauté vient d'abord de la planification des équipements. Stratégies des responsables fédéraux associatifs des grands mouvements et stratégies des techniciens des politiques étatiques se rejoignent pour déboucher sur l'ouverture massive d'équipements spécifiques, gérés par des associations privées ou para-publiques. La distinction privé-public, si elle garde sa pertinence, perd de sa visibilité. L'État apparaît comme maître d'œuvre. C'est sous son égide que se généralisent des procédures de financement dans le cadre du Plan, que se créent des filières diversifiées de formation professionnelle (Institut Universitaire de Technologie, Instituts Régionaux de Travailleurs Sociaux, Diplôme d'État des Ministères, etc.). Les équipements s'institutionnalisent, et les bénévoles et militants cèdent le pas aux nouveaux professionnels.

La planification des équipements socio-culturels et la formation des animateurs

Dans ses intentions, la planification des équipements culturels et sportifs est aussi ancienne que la planification nationale qui débute en 1946 ; mais après la reconstruction du potentiel économique du pays, le Quatrième Plan marque une rupture en favorisant la notion d'équipements collectifs et en prévoyant les dépenses pour leur construction. La réglementation officielle concernant les équipements culturels et sportifs a été élaborée progressivement par de nombreuses administrations. Plusieurs ministères ont été amenés à élargir leur action, et à promouvoir de nouvelles formes d'intervention ; le ministère de la Santé et de la Population a, par exemple, proposé la réalisation de nouveaux foyers de jeunes travailleurs et centres sociaux, mais c'est le Haut Commissariat de la Jeunesse et des Sports, qui, lors de la loi programme d'équipements sportifs et socio-éducatifs du 28 janvier 1961, propose le premier effort de planification et de normalisation. Le projet de loi définissait, pour chaque catégorie d'agglomération, la nature et l'importance des équipements à prévoir, en précisant les normes déjà présentées dans la grille d'équipements des grands ensembles d'habitation réalisée par le ministère de la Construction. Cette grille, dont la première version date de 1958, intéresse les quartiers neufs et les ensembles récents. Dans sa nomenclature générale, elle classe différents types d'équipements (scolaires, culturels, sociaux, sportifs, etc.) et cinq échelons de l'espace résidentiel : le groupe résidentiel (200 à 800 logements) ; l'unité de voisinage (800 à 1 500 logements) ; le quartier (1 500 à 3 000 logements) ; l'arrondissement (3 000 à 8 000 logements) ; la ville ou la commune (ensemble résidentiel d'au moins 8 000 logements).

La grille d'équipements du Haut-commissariat s'en distingue d'un double point de vue : à l'inverse de la précédente, elle s'applique à l'ensemble des zones urbaines, dont elle a pour objet d'assurer l'équipement en tenant compte des besoins produits par leur croissance ; ensuite, elle propose des normes qui intéressent exclusivement les programmes d'équipements sportifs et socio-éducatifs. Ces deux grilles ont cependant les mêmes principes et les mêmes caractéristiques d'évolution, malgré la différence de leurs objectifs ; la seconde est d'ailleurs directement inspirée de la première.

La connivence entre les fédérations et l'État

La planification n'a pas été le seul facteur conduisant à l'édification des équipements ; les réseaux, les mouvements et les fédérations d'éducation populaire ont, à partir de 1958, réclamé des moyens puis des équipements financés par les municipalités. Les journaux des mouvements ont diffusé ces thèmes et ces propositions d'équipements socio-éducatifs. On doit alors considérer que ces derniers sont le résultat d'une double action, due, d'une part aux transformations urbaines et aux modèles de la planification et des grilles d'équipements, et d'autre part à la pression des fédérations qui vont directement participer aux transferts vers les nouveaux édifices socio-culturels. Les instances de direction des réseaux divulguent les projets proposés par les grilles d'équipements, les équipes de jeunes (Scouts et Guides, Éclaireurs et Éclaireuses, Jeunesses Communistes, Francs et Franches Camarades, Fédération Léo Lagrange), participent aux techniques d'enquête, aux analyses de milieu, aux démarches à suivre pour favoriser l'implantation d'équipements par les municipalités.

Afin de créer une instance de réflexion et de consultation entre l'État et les fédérations, un Haut Comité de la Jeunesse est créé à l'initiative de Pierre Mendès France. Les mouvements se regroupent en 1958 en un Groupe d'Étude et de Rencontre des Organisations de Jeunesse et d'Éducation Populaire (G.E.R.O.J.E.P.), qui réunit les associations d'inspiration laïque, confessionnelle et socialiste (à l'exclusion des mouvements de jeunesse politique). Les mouvements confessionnels à majorité catholique, fortement organisés, sont regroupés dans le Conseil Français des Mouvements de Jeunesse (C.F.M.J.).

Ces instances, de 1958 à 1966, fonctionnent en étroite collaboration au plan national et participent directement à la mise en place d'une politique d'animation même si le G.E.R.O.J.E.P. s'oppose au gouvernement à propos du sursis des étudiants et de la guerre d'Algérie. À leur actif, on note : le vote de la loi congé cadre jeunesse (1961), qui permet aux animateurs bénévoles de bénéficier d'un congé sans rémunération pour participer à un stage de formation ; la création en 1964 du F.O.N.J.E.P. (fonds interministériel pour la jeunesse et l'éducation populaire), qui assure le financement par l'État de postes d'animateurs. Par ailleurs, plusieurs associations de cogestion se créent entre 1959 et 1965 : COTRAVAUX qui réunit les associations de chantiers de jeunesse ; ATITRA (Association Technique Interministérielle pour le Transport des Jeunes) ; U.C.P.A. (Union des Centres de Plein Air).

Les membres du CFMJ et du GEROJEP en 1958

ASSOCIATIONS MEMBRES DU CONSEIL FRANÇAIS DES MOUVEMENTS DE JEUNESSE CRÉÉS EN 1947

COLLÈGE MOUVEMENTS
- Guides de France
- Jeunesse Étudiante Chrétienne
- Jeunesse Étudiante Chrétienne Féminine
- Jeunesse maritime Chrétienne
- Mouvement rural de la Jeunesse Chrétienne
- Scouts de France
- Union Chrétienne de Jeunes Filles
- Union Chrétienne de Jeunes Gens

COLLÈGE INSTITUTIONS
- Fédération Sportive et Culturelle de France
- Tourisme populaire
- Union Française des Centres de Vacances et de Loisirs
- Comité Protestant de Colonies de Vacances

ORGANISATIONS MEMBRES DU GEROJEP CRÉÉ EN 1958
(Groupe d'étude et de rencontre des organisations de jeunesse et d'éducation populaire)

- Alliance des Équipes Unionists de France
- Centre de Loisirs de la Joie au Village
- Centre d'Entraînement aux Méthodes d'Éducation Active
- Centre des Voyages de la Jeunesse Rurale
- Centre National d'Études rurales
- Conseil Français des Mouvements de Jeunesse
- Éclaireurs de France
- Éclaireurs Israélites de France
- Éclaireurs Unionistes de France
- Fédération de l'Éducation nationale
- Fédération Française des Associations Chrétiennes
- Fédération Française des Ciné-Clubs
- Fédération Française des Éclaireuses
- Fédération Française des Maisons des Jeunes et de la Culture
- Fédération musicale Populaire
- Fédération Nationale des Clubs de Loisirs Léo-Lagrande
- Fédération Nationale des Foyers Ruraux de France
- Fédération Nationale des Francs et Franches Camarades
- Fédération sportive des Auberges de Jeunesse
- Guides de France
- Jeunesse Agricole Chrétienne
- Jeunesse Agricole Chrétienne Féminine
- Jeunesse au Plein Air
- Jeunesse Camping
- Jeunesse de la Mer
- Jeunesse et Reconstruction
- Jeunesse Étudiante Chrétienne
- Jeunesse Indépendante Chrétienne
- Jeunesse Indépendante Chrétienne Féminine
- Jeunesse Ouvrière Chrétienne
- Jeunesse Ouvrière Chrétienne Féminine
- Ligue Française de l'Enseignement
- Maison Internationale des Jeunes
- Mouvement de l'Enfance Ouvrière
- Mouvement de Libération Ouvrière
- Peuple et Culture
- Scouts de France
- Syndicat Général de l'Éducation Nationale
- Syndicat National des Instituteurs
- Tourisme et Travail
- Travail et Culture
- Union Chrétienne de Jeunes Filles
- Union Chrétienne de Jeunes Gens
- Union des Étudiants Juifs de France
- Union des Grandes Écoles
- Union des Vaillants et des Vaillantes
- Union Laïque des Campeurs et Randonneurs
- Union Nationale des Étudiants de France
- Union Nautique Française (observateur)
- Vie Nouvelle

L'exemple de l'U.C.P.A. illustre le processus technicien qui, à l'initiative de l'État et des organisations de jeunesse, est à l'œuvre dans la société française des années soixante. L'U.C.P.A. est née de la fusion en 1965 de l'Union Nautique Française (U.N.F.) et de l'Union Nationale des Centres de Montagne (U.N.C.M.), organismes créés au lendemain de la dernière guerre par les mouvements de jeunesse. La nouvelle Union obtient le soutien des pouvoirs publics et le financement de nouvelles installations dans le cadre des lois-programmes d'équipements sportifs ; en quelques années, l'U.C.P.A. devient le premier groupe de loisirs sportifs d'Europe, gérant près de cinquante centres de stages et recevant plus de cent mille stagiaires par an. Dans ce transfert, les mouvements participent à la création d'organismes qui touchent un public plus nombreux, mais ils y perdent beaucoup de leurs prérogatives ; ils abandonnent alors, même s'ils gardent une représentation symbolique, la gestion et les orientations à de nouveaux cadres de la fonction publique. Cette tendance facilite une autonomisation des nouvelles institutions para-publiques et favorise une logique professionnelle par rapport à l'ancienne logique militante. Progressivement, être moniteur U.C.P.A. fait désormais partie de choix de carrière en dehors de tout caractère militant et de tout lien avec les mouvements. Le grand projet de « formation physique et morale de la jeunesse » est remplacé par l'initiation technique aux nouvelles pratiques de plein air. Les mouvements subordonnaient toujours les techniques au projet global, alors que les associations de cogestion sont devenues peu à peu prestataires de services destinés à un large public d'usagers influencé par les thèmes de la modernité : individualisme, culte du corps, hédonisme et recherche d'innovations techniques. L'inscription dans une logique de marché se substitue ainsi à une logique éducative dans le champ du loisir.

Les résultats obtenus ont été facilités par la volonté de Maurice Herzog, Haut Commissaire à la Jeunesse et aux Sports de 1958 à 1965 qui a, durant ces années, multiplié les échanges avec les associations de jeunesse et favorisé la mise en place d'institutions novatrices[2].

Organigramme des services jeunesse et sports en 1958 et 1963

Premier ministre		Éducation Nationale	
Haut Commissariat des Sports		Conseil Supérieur de l'Éducation Nationale	
Haut Commissariat de Jeunesse		Haut Commissariat jeunesse et sports (1958) Secrétariat d'État jeunesse et sports (1963)	
Délégation Générale aux sports	Service Jeunesse et Éducation populaire	Sous-Direction Administration	Sous-Direction Équipements Sportifs et Socio-Éducatifs
Sports Olympiques	Jeunesse	Éducation Physique	
Sports non Olympiques	Éducation populaire Colonies de vacances	Budget	Étude du Plan
		Personnel	Travaux d'État
		Matériels	Travaux subventionnés

Son successeur François Missoffe rompt avec cette pratique de coopération ; agacé par les revendications des mouvements de jeunesse, il lance l'idée du Livre Blanc de la Jeunesse. L'objectif est de contourner les organisations pour analyser la situation réelle des jeunes. Les résultats de ces travaux publiés en 1967 ne sont guère convaincants ; ils décrivent une jeunesse prête à participer aux actions éducatives et sportives proposées, en ignorant les tensions qui éclateront brusquement sur la place publique en 1968. Il lance aussi l'opération « 1 000 clubs de jeunes » destinés aux « Jeunes dits inorganisés », et qui correspond à une volonté de lutter contre la puissante Fédération Française des Maisons de Jeunes et de la Culture (F.F.M.J.C.). Le gouvernement accepte mal l'étonnante progression de cette

---

[2] GALLAUD, P., « Une nouvelle politique pour les jeunes », *Les Cahiers de l'animation*, n° 39, 1983.

fédération qui a vu ses affiliations passer de 300 en 1958 à plus de 1 500 en 1966 et dont les permanents sont majoritairement syndiqués à la C.G.T.

Chronologie des administrations chargées de la jeunesse et des sports de 1958 et 1963

1958	Haut Commissariat à la Jeunesse et aux Sports (Maurice Herzog)
1963	Secrétaire d'État à la Jeunesse et aux Sports (Maurice Herzog)
1966	Ministère de la Jeunesse et des Sports (François Missoffe)
1968	Ministère de la Jeunesse et des Sports (Roland Nungesser)
1968	Secrétariat d'État à la Jeunesse et aux Sports (Auprès du Premier ministre) (Joseph Comiti)
1973	Secrétariat d'État à la Jeunesse et aux Sports (Auprès du Premier ministre, puis auprès de l'Éducation nationale – février 1974 –, puis auprès du ministre de la Qualité de la Vie – juin 1974 –) (Pierre Mazeaud)

Après mai-juin 1968, Joseph Comiti, nouveau secrétaire d'État à la Jeunesse et aux Sports, poursuit l'œuvre amorcée par son prédécesseur : prudence vis-à-vis des organisations de jeunesses, conflit avec la F.F.M.J.C. et obligation pour celle-ci de se régionaliser afin de limiter le processus de centralisme idéologique ; ces décisions entraînent une scission et la création, à côté de la F.F.M.J.C., de l'Union Régionale des M.J.C. (U.N.I.R.E.G.). La tendance est à la création de services, gérés par le ministre et utilisables directement par les jeunes. Ainsi, dès 1969, le Centre d'Information et de Documentation Jeunesse (C.I.D.J.) est ouvert. Les secrétaires d'État à la Jeunesse et aux Sports successifs, Pierre Mazeaud, Paul Dijoud et Jean-Pierre Soisson, développent cette action qui débouche sur la multiplication des centres régionaux et locaux d'information. Le temps n'est plus à la cogestion, et toute la période 1968-1975 est marquée par des actions directes du Ministère, par l'augmentation des moyens financiers de ses services et par la diminution de l'aide aux associations de jeunesse. Cette tendance est répercutée au plan local où les directions départementales accroissent leurs moyens d'intervention et leurs effectifs, en même temps que diminuent ceux des mouvements.

Face à cette situation, les associations de jeunesse resserrent les rangs et se regroupent dès 1968 au sein d'une nouvelle organisation, le Conseil National des Associations de Jeunesse et d'Éducation Populaire (C.N.A.J.E.P.). Créé le 27 mai 1968, jour de la manifestation de Charlety, ce conseil publie une déclaration réclamant un statut des animateurs professionnels et un temps de parole régulier à l'ORTF. Sa présence politique passe plutôt inaperçue pendant le mouvement de mai-juin 1968 et il n'obtient pas les résultats escomptés tant au plan national, où les relations avec le Ministère sont ponctuées de crises, qu'un plan régional où les conseils régionaux (C.R.A.J.E.P.) fonctionnent difficilement. La création du certificat d'aptitude à l'animation socio-éducative (C.A.P.A.S.E.) en 1970 est cependant l'occasion de former, dans chaque département et dans chaque région, de nouvelles commissions de concertation. La Commission départementale pour la promotion des activités socio-éducatives (C.O.D.E.P.S.E.) est composée par tiers des représentants des services de la Jeunesse et des Sports, de membres des associations agréées et de personnalités compétentes en matière d'animation socio-éducative. La Commission Régionale (C.O.R.E.P.S.E.) est organisée sur le même principe. En fait, ces commissions jouent surtout un rôle de contrôle et d'évaluation des animateurs en formation et abordent rarement la question des politiques d'animation. Les années 1965-1975 se caractérisent donc par la faiblesse du dialogue avec les organisations de jeunesse ; le Haut Comité de la Jeunesse et des Sports mis en place par Maurice Herzog cesse pratiquement ses activités à partir de 1966.

Les associations membres du CNAJEP en 1968
(Conseil national des associations de jeunesse et d'éducation populaire dont le premier président est Michel Rigal – commissaire général des Scouts de France)

Association Française des Centres de Consultation Conjugale
Alpes de Lumière
Amis de la Nature
Amitiés Sociales
Association pour la Diffusion de la Recherche sur l'Action Culturelle
Association Touristique des Cheminots
Comité de Coordination des Associations d'Échanges internationaux
Culture et Liberté
Centre de Coopération Culturelle et sociale
Centre d'Éducation et d'Information pour la Communauté Européenne
Centre d'Entraînement aux Méthodes d'Éducation Active
Centre National de Formation des Cadres de Vacances Familiales
Centre de Voyages de la Jeunesse Rurale
Chalets Internationaux de Haute-Montagne
Clubs de Loisirs et d'Action de la Jeunesse
Clubs Unesco
Cœurs Vaillants et Âmes Vaillantes
Comité Protestant des Centres de Vacances
Compagnons Bâtisseurs
Confédération Nationale de la Famille Rurale
Conseil Français des Mouvements de Jeunesse
Culture et Vie
Éclaireuses et Éclaireurs de France
Éclaireurs Israélites de France
Éclaireuses et Éclaireurs Unionistes de France
École des Parents
Fédération Catholique du Théâtre Amateur de France
Fédération des Centres Musicaux de France
Fédération des Centres Sociaux de France
Fédération des Familles de France
Fédération Française des Maisons de Jeunes et de la Culture
Fédération Jean Vigo
Francs et Franches Camarades
Fédération Française des Ciné-Clubs
Fédération Nationale Léo-Lagrange
Fédération Sportive et Culturelle de France
Fédération Sportive et Gymnique du Travail
Fédération Unie des Auberges de Jeunesse
Groupe de Recherche pour l'Éducation et la Promotion
Guides de France
Institut Culture et Promotion
Jeunes Équipes d'Éducation Populaire
Jeunesse au Plein Air
Jeunesse Étudiante Chrétienne
Jeunesse Indépendante Chrétienne Masculine
Jeunesse Maritime Chrétienne
Jeunesse Ouvrière Chrétienne
Jeunesse Ouvrière Chrétienne Féminine
Ligue Française de l'Enseignement et de l'Éducation permanente
Mouvement Jeunes Femmes
Mouvement Rural de la Jeunesse Chrétienne
Office du Tourisme Universitaire et Scolaire
Organisation Centrale des Camps et Activités de Jeunesse
Peuple et Culture
Pionniers de France
Scouts de France
Section des Jeunes du Mouvement Chrétien pour la Paix
Service Civil International
Service Technique pour les Activités de Jeunesse
Travail et Culture
Union Chrétienne des Jeunes Gens
Union féminine Civique et Sociale
Union des Étudiants Communistes de France
Union des Foyers de Jeunes Travailleurs
Union des Jeunes Filles de France
Union de la Jeunesse Agricole et Rurale de France
Union des Jeunes Communistes de France
Union Françaises des Centres de Vacances et de Loisirs
Vie Nouvelle

La multiplication des équipements et des services socio-culturels et sportifs a favorisé progressivement l'émergence de nouveaux acteurs de la vie sociale : les animateurs. Ils ont pris le relais à partir du milieu des années soixante des militants et des bénévoles représentant dans chaque quartier les réseaux de l'éducation populaire. Des formations spécifiques privées, puis publiques, des diplômes d'État ont facilité ce transfert et la professionnalisation des animateurs socio-culturels et socio-sportifs.

Les limites entre le militantisme, le travail bénévole et le métier sont alors difficiles à circonscrire. Ce sont les couches moyennes qui semblent avoir le plus profité de ces transferts dans la mesure où elles ont été le plus capables de négocier la prise en compte de leur capital sportif ou culturel pour déboucher sur de nouveaux postes professionnels. Ce phénomène est caractéristique d'une mobilité sociale relative qui se réalise dans la ville et dans le temps hors travail.

L'intitulé générique d'animateur s'impose progressivement et tend à unifier des fonctions parfois anciennes, souvent occupées dans le cadre du bénévolat et du militantisme. Héritiers de l'éducation populaire, de l'action sociale ou du mouvement sportif, les animateurs ne constituent pas cependant un groupe homogène. Leur formation professionnelle codifiée par des statuts administratifs reste encore cloisonnée et dépendante d'institutions jalouses de leurs prérogatives et de leurs territoires respectifs. Sous l'effet de nouveaux dispositifs d'animation, ces pratiques tendent cependant à s'imbriquer davantage dans le projet d'intervention globale. Sur les mêmes lieux et auprès des mêmes populations s'expérimente concrètement un travail d'animation impliquant le rapprochement des professions d'animation. Cependant, le renforcement de la professionnalisation reste limité par les frontières encore floues de l'espace social d'exercice, par la faiblesse de la syndicalisation des acteurs et enfin par les formations éclatées et facultatives puisqu'il reste possible d'être animateur sans posséder de diplômes.

*L'évolution de l'offre collective de vacances et de loisirs des jeunes :
un jeune sur dix en vacances organisées en 1998*

Au-delà du clivage laïques-confessionnels, les colonies de vacances connaissent un vif succès au début du siècle et intéressent près de 100 000 enfants à la veille de 1914. Leur progression est plus importante entre les deux guerres où les municipalités, souvent socialistes ou communistes, créent leur propre colonie publique ; le nombre des colons dépasse 400 000 en 1936, et si l'État, par le biais des Ministères du Travail et de l'Hygiène, en subventionne un grand nombre et exerce un début de contrôle, l'initiative reste privée pour la majorité d'entre elles.

L'intervention de l'État, des collectivités locales et des entreprises, liée à la dynamique des fédérations d'éducation populaire, va permettre leur progression qui accompagne le boom démographique de l'après-guerre : 750 000 sont accueillis en 1954, et les années 1960 marquent leur apogée avec plus de 1 300 000 départs de jeunes de 4 à 18 ans.

Depuis 1964, les chiffres montrent une décrue progressive et un retour sous la barre du million en 1984 avant qu'ils ne se stabilisent entre 900 000 et 970 000 jeunes accueillis dans les années suivantes. Cette chute des départs durant l'été est compensée par leur progression en petites vacances (350 000 jeunes en 1995), avec une tendance à la hausse pour les vacances d'hiver (210 000 jeunes). En dix ans, la progression des effectifs des petites vacances a été de 24 %.

Le cumul des départs en centres de vacances, en placements de vacances et dans le scoutisme atteint 1,6 million de jeunes de 4 à 18 ans (dont 17 % de départs à l'étranger), ce qui correspond au départ d'un jeune sur dix en vacances organisées. Les évolutions par classe d'âge sont cependant considérables avec une chute des départs des 6-12 ans (878 000 en 1964 et 514 000 en 1982) et une hausse des départs des 12-18 ans qui se voient proposer des formules à la carte de plus en plus diversifiées.

Jean-Marie Mignon considère que la professionnalisation a donné aux animateurs un cadre à leur emploi, avec les garanties afférentes, mais n'a pas toujours permis de préciser les missions effectives auxquelles ils sont assujettis[3]. Par ailleurs, la profession d'animateurs pose toujours la question des métiers certifiés par rapport aux compétences communes car leur exercice peut, à terme, disqualifier certains savoirs vernaculaires dont est faite la culture du quotidien.

Le passage des équipements fonctionnels aux nouveaux dispositifs d'animation peut être résumé en trois points. C'est au début de la Ve République qu'un projet d'intervention publique fondé sur le renforcement de la pénétration administrative de l'État et la planification d'équipements prend véritablement forme. À côté du ministère de l'Éducation apparaissent les départements autonomes de la Jeunesse et des Sports, de la Culture qui s'ajoutent au ministère plus ancien des Affaires Sociales ; ils délimitent les aires spécifiques de l'action socio-culturelle et sportive (Jeunesse et Sports), de l'action culturelle (Culture) et de l'action sociale (Affaires sociales). Outre la forte croissance du ministère de l'Éducation, l'étonnante progression des fonctionnaires et des financements publics dépendant de ces ministères souligne la mutation opérée et le caractère providentialiste de l'État.

Le nouveau modèle d'animation apparaît dans l'espace en mutation de la France des « Trente Glorieuses » ; il ne peut se comprendre qu'en raison de l'évolution politique, économique et sociale du pays. La montée des jeunes, amplifiée par les migrations et l'urbanisation, pose des problèmes d'intégration urbaine que l'air du temps traduit en terme d'équipement et d'animation. Mais on se tromperait à ne voir dans cette apparition qu'une simple réponse à

---

[3] MIGNON, J.-M., « *La lente naissance d'une profession, les animateurs, de 1944 à 1988* », Thèse soutenue à l'Université Michel de Montaigne-Bordeaux 3 le 15 janvier 1998.

de nouveaux besoins ; les changements en cours sont plus profonds, ils ont bénéficié de l'évolution des réseaux civils qui, acceptant de censurer le religieux et le politique, participent activement au nouveau paradigme d'une animation neutraliste pour les jeunes. Les responsables des organisations de jeunesse ont été associés aux décisions, et on trouve à leurs côtés plusieurs anciens d'Uriage dans la commission de réflexion en vue du Quatrième Plan.

L'organisation méthodique des secteurs d'intervention publique, accentuée par une relative bureaucratisation, ne doit donc pas être seulement interprétée en terme d'imposition étatique. Les risques de la sectorisation et de la normalisation des équipements sont d'ailleurs perçus dès la fin des années soixante par les acteurs de terrain, et les travaux de la commission « animation » de préparation du Sixième Plan (1971-1975), présidée par Henry Théry, soulignent les dangers de cloisonnements et invitent à limiter les séparations administratives. Publié dans les rapports d'orientation du Sixième Plan des ministères précités, le texte de synthèse de cette commission a peu d'effet avant le milieu des années soixante-dix ; mais il est déjà le signe que le modèle fonctionnaliste des équipements urbains est en train de s'épuiser et qu'un autre type de gestion, celui des procédures locales de l'animation, s'instaure.

Les procédures de relocalisation de l'animation

Plusieurs processus se superposent au cours des années soixante-dix et modifient les orientations antérieures. C'est d'abord un changement politique en 1974 et le passage progressif d'une conception de l'État interventionniste à une conception plus libérale avec l'amorce d'une mise en question de l'État-providence. C'est ensuite un changement dans le rythme de l'urbanisation avec la critique du fonctionnalisme bâtisseur et le développement d'une tendance qui tend à supplanter le projet des équipements pour valoriser des actions basées sur la vie associative et de nouveaux dispositifs. C'est enfin la crise économique qui amorce une redéfinition des populations ciblées. Tout se conjugue pour remettre en cause les orientations antérieures ; les victimes de la crise, et en particulier les jeunes à la recherche d'emplois, succèdent aux seuls laissés pour compte de la croissance alors même que les crédits publics diminuent. Le rappel du coût des équipements vient ainsi opportunément relayer la critique idéologique sur l'enfermement et le contrôle social. Mais les solutions de rechange font encore défaut. Deux périodes vont se succéder. La première est marquée par l'indétermination politique, c'est une phase de transition ; la seconde, liée au changement politique de 1981, correspond à une rupture où de nouvelles perspectives, institutionnelles et pédagogiques, sont proposées. Ces perspectives se mêlent pour transformer les règles du jeu des acteurs et redéfinissent un nouveau champ politique local de l'animation.

À partir de 1974 commence une période de remise en question de l'intervention de l'État dans les politiques sociales. Les équipements d'État présentés hier comme les moyens indispensables à l'intégration sociale ne font plus recette. Plusieurs courants affirment la nécessité de redonner l'initiative à la société en s'appuyant sur la vie associative et les capacités d'une gestion décentralisée enracinée dans la vie locale. Ce qui était géré par l'État, les administrations et les professionnels, doit revenir à l'initiative des municipalités et des citoyens. Le changement a été préparé par les rapports des commissions pour le Sixième Plan (1971-1975) ; il est renforcé dans les textes de préparation au Septième Plan (1976-1980) qui soulignent plus nettement encore la nécessité de restructurer la vie locale, de socialiser les comportements en favorisant le développement des associations. La commission « Aménagement du territoire et cadre de vie » note, dans son rapport, que la vie associative permet une meilleure perception des inégalités en dépassant un certain repliement individuel face à l'agressivité de la société, au profit de l'expansion des valeurs positives. Cette valorisation du secteur associatif apparaît dans toute une série de rapports commandés par l'État et en particulier le rapport Delmon, le Rapport Guichard et le rapport Crozier-Thœnig. Reprenant les propositions du rapport Delmon, le programme d'action prioritaire du Septième Plan prévoit, pour accroître les moyens des associations, d'implanter par voie obligatoire, des « locaux collectifs résidentiels » dans les groupes d'H.L.M. de plus de 200 logements et dans les zones d'aménagement concerté.

L'analyse de la crise et du ralentissement de l'activité économique vient mettre en doute la capacité illimitée d'intervention de l'État. Le déséquilibre ne cesse de se creuser entre le rythme de croissance des dépenses publiques et celui du produit intérieur brut. L'augmentation très rapide des prestations sociales par rapport aux possibilités de l'économie a pour effet de mettre en péril l'existence même du système de prestations sociales. Les politiques sociales qui étaient basées sur la croissance de l'État-providence se trouvent alors menacées.

Mais la crise de l'État-providence n'est pas seulement financière ; elle est renforcée par une série de critiques sur l'intervention de l'État dans le domaine social[4]. Nous retiendrons les deux principales qui, bien différentes dans l'interprétation et les propositions, ont fortement marqué les acteurs politiques. Une première est issue du courant économiste libéral et concerne les effets négatifs de l'État-providence. Elle affirme l'inefficacité des politiques sociales et dénonce ses conséquences sur l'activité économique. L'intervention de l'État, en diminuant les coûts des services pour les usagers, crée des gaspillages importants et déve-

---

[4] DUBET, F., JAZOULI, A., LAPEYRONNIE, D., *L'État et les jeunes*, Paris, Éditions de l'Atelier, 1985.

loppe surtout des réflexes d'assistance qui introduisent des rigidités dans le marché du travail et dans l'économie.

Une autre série de critiques relevant d'une sensibilité politique différente proche du courant autogestionnaire souligne que l'intervention de l'État bénéficie souvent aux plus influents qui finissent alors par renforcer leurs privilèges. Pour contrer ces effets pervers, le développement de la société civile et des solidarités locales est proposé afin d'accroître le rôle et l'intervention des acteurs qui, seuls, pourront répondre collectivement aux problèmes rencontrés. Dans cette perspective, il ne s'agit pas de supprimer ni parfois de diminuer l'intervention et l'aide de l'État, mais de renverser les processus sociaux en donnant aux acteurs, et en particulier aux groupes dominés, des capacités d'auto-organisation.

Face à la montée du chômage des jeunes et aux difficultés des familles populaires, les analyses de la gauche à la veille des élections de 1981 sont partagées, non seulement en raison de la diversité des partis mais aussi en fonction des courants au sein de chacun d'eux et en particulier du Parti socialiste[5]. Elles peuvent être regroupées autour de deux grandes orientations. La première correspond à l'analyse classique de la domination capitaliste et de la crise économique qui en est issue. La réponse aux problèmes d'inégalité passe par le développement de l'État-providence, l'augmentation des prestations et le travail social. Cette optique, clairement défendue par le Parti communiste, la C.G.T., et le C.E.R.E.S., correspond à une volonté de maintien des acquis et s'oppose à toute tentative de démantèlement et de privatisation d'un certain nombre de secteurs sociaux. La seconde orientation est proche du courant autogestionnaire déjà évoqué et critique le poids de l'État ; elle propose de s'appuyer sur les capacités de gestion décentralisée sur la vie locale afin de redonner l'initia-

---

[5] DUBET, F., *op. cit.*, 1985.

tive à la société. Cette optique va fortement influencer la commission Dubedout sur la vie dans les grandes cités et la commission Bonnemaison sur le traitement de la petite délinquance. Ces orientations s'affrontent autant qu'elles se complètent. Elles se heurtent, au-delà des discours, aux choix politiques et aux décisions à prendre après l'arrivée au pouvoir de la gauche en mai 1981.

Quand le pouvoir socialiste s'installe au sommet en 1981, il n'a pas de doctrine claire et pendant les premiers temps du septennat, les commissions et les rapports spécialisés ne vont pas manquer : rapport Dubedout sur le « développement social des quartiers », rapport Bonnemaison sur la prévention de la délinquance, rapport Schwartz sur l'insertion sociale et professionnelle des jeunes, rapport Hurstel sur les jeunes et l'action culturelle (ce dernier constitue précisément un violent réquisitoire contre une politique pensée en termes d'équipements). Mais à la différence des rapports précédents, ceux-ci sont pour la plupart immédiatement suivis d'effets. Des structures sont très rapidement mises en place, le plus souvent de type interministériel, fonctionnant comme des administrations de mission et élaborant de nouveaux dispositifs d'intervention sur le terrain. Le sceau de l'urgence marque donc ces initiatives surgies sous la contrainte de la crise et les événements : la première opération « anti été-chaud » est lancée dès 1981 à la suite des rodéos incendiaires des Minguettes. Et d'ailleurs, la plupart de ces dispositifs se veulent expérimentaux, et de fait, leur mise en œuvre se trouve limitée à certaines agglomérations (c'est le cas des opérations dites de « développement social des quartiers ») ou aux seuls départements les plus urbanisés (c'est le cas des « opérations prévention été »).

Les dispositifs d'intervention dans le domaine de l'insertion dans la ville sont le résultat de multiples expériences qui les ont précédés et qui ont amené leur mise en place. C'est cependant le nouveau contexte socio-politique de

1981 qui a favorisé leur reconnaissance par l'État. Ils ont tous l'aval des pouvoirs publics et, dans bien des cas, l'action étatique à travers l'instauration d'administrations de missions a fortement incité leur développement, notamment par le biais de moyens financiers spécifiques.

Malgré leurs différences, on peut considérer qu'ils participent d'une même volonté de valorisation du local par la mobilisation des acteurs. Quatre caractéristiques leur sont communes et soulignent leur originalité par rapport aux interventions antérieures, elles ont été clairement mises en évidence par J. Ion[6]. La première est qu'ils sont liés à une base géographique concrète. Alors que les équipements étaient proposés pour l'ensemble du territoire sans tenir compte des différents types d'espaces, les nouveaux dispositifs sont territorialisés. Ils s'appliquent à des secteurs considérés sensibles pour l'intégration sociale des jeunes, qu'il s'agisse de la définition d'une zone d'éducation prioritaire (Z.E.P.), d'un projet de quartier, d'une opération loisir quotidien des jeunes ou d'une action de prévention en relation avec les conseils municipaux de prévention de la délinquance. La première caractéristique est donc dans le choix de territoires d'intervention.

La deuxième vient de la concertation obligée des différents acteurs d'un secteur qui se trouvent alors associés aux pouvoirs publics et aux administrations. Les commissions qui se mettent en place rassemblent des représentants publics et privés ayant pour objectif de définir des projets d'action communs indispensables pour bénéficier des aides ministérielles.

La troisième en fait des dispositifs décentralisés qui bénéficient du transfert des compétences de l'État et sont placés sous la responsabilité directe d'élus des collectivités locales en concertation avec le secteur associatif. Bien

---

[6] ION, J., *Le travail social à l'épreuve du territoire*, Privat, Toulouse, 1991. (Rééd. Dunod, à paraître, janvier 2000).

qu'impulsées et financées par des ministères ou des commissions nationales, ces opérations sont organisées, gérées et animées au plan local. Il s'agit d'une tentative de mobilisation des forces locales.

Enfin la dernière présente ces dispositifs comme ayant un caractère expérimental, et cela à deux points de vue : ils relèvent souvent de commissions interministérielles qui fonctionnent en dehors des mécanismes ordinaires de l'administration et sont censés offrir des procédures plus souples de fonctionnement ; ils n'ont pas un caractère définitif mais sont prévus comme susceptibles d'introduire une dynamique qui permettra aux opérations de perdurer localement sans l'aide financière de l'État. Les aides pour les actions de prévention et pour les opérations été sont discutées tous les ans, même si elles se prolongent par ailleurs d'une année sur l'autre.

À ces quatre caractéristiques s'ajoute l'importance prise par l'échelon local et en particulier la municipalité. C'est elle qui a gagné un surcroît de reconnaissance, de pouvoir et de légitimité. Dans certains cas, on a vu se créer au plan local une petite technocratie du social formée d'élus ayant le plus souvent des compétences professionnelles, et d'animateurs, responsables d'associations et proches de la ligne politique municipale, et enfin des responsables administratifs départementaux des divers ministères concernés. Ces commissions, dont les membres sont généralement cooptés, se concertent et préparent des dossiers qui sont soumis aux maires ou aux conseillers généraux. Les nouvelles commissions politico-professionnelles fonctionnent pour chacun des dispositifs étudiés : les loisirs quotidiens des jeunes, les stages 16-18 ans, les zones d'éducation prioritaires, les conseils de prévention, les opérations prévention été ou sport pour tous et plus récemment le R.M.I.

Elles renforcent le mouvement de municipalisation de l'animation, déjà bien engagé, par l'édification d'équipements publics et la création de postes d'animateurs professionnels ; mais elles mettent aussi à contribution les réseaux de l'éducation populaire et du secteur associatif en leur permettant de participer à l'invention de nouvelles pratiques.

Les éléments du système d'animation

Le système d'animation dont nous avons rappelé les étapes de constitution historique rassemble les équipements socio-culturels, les dispositifs sociaux ainsi que les activités et les services divers, notamment ceux mis en place par les fédérations de l'éducation populaire et les associations, qui ont des finalités communes et sont plus qu'un complément au système de l'éducation nationale. Il intéresse les enfants, les adolescents, les jeunes et une large part de la population en offrant des perspectives éducatives susceptibles de faciliter leur insertion, tenant compte des disparités socio-spatiales. Résultat de la sédimentation d'interventions successives, il ne présente pas l'apparence d'un ensemble cohérent, et certains, en raison de sa diversité, refusent de lui reconnaître une existence, nous proposons de le considérer comme un système disposant d'une malléabilité lui permettant de s'accorder avec les différents milieux sociaux en dehors d'une logique de standardisation. La diversité des acteurs, des activités et des structures qui n'ont pas le caractère normatif et obligatoire de l'institution scolaire est susceptible d'agir sur l'adaptation des populations aux changements de la société.

Les éléments composant ce système s'organisent autour de deux ensembles. L'un est constitué par les équipements et dispositifs publics résultant de l'initiative et du financement de l'État et des collectivités locales. L'autre rassemble les fédérations et associations engagées dans des activités militantes et de prestations de services bénéficiant aussi de financements publics. L'interaction de ces éléments souligne à la fois l'originalité du système et l'imbrication grandissante du privé et du public.

Équipements et dispositifs : le noyau dur du système

Visibles dans les villes, les quartiers et les villages, les équipements socioculturels y tissent un véritable maillage et participent à leur fonction culturelle, leur expression et leur représentation. La diversité de leurs appellations, de leurs gestions et de leurs finalités est le résultat des aléas des missions qui leur ont été confiées par la puissance publique et des évolutions qu'ils ont dû prendre en compte. Plusieurs modèles peuvent être rappelés et notamment celui de la rhétorique égalitaire, celui du service à la carte auxquels s'ajoutent les dispositifs d'insertion déjà évoqués.

Les équipements dans la rhétorique égalitaire

La notion d'équipements empruntée au vocabulaire maritime est entrée dans le langage usuel à partir des années 1960 pour désigner des installations assurant à la population des services collectifs dont elle est censée avoir besoin. Dans le cadre de la planification territorialisée, ce terme inclut les équipements d'infrastructure comme les routes et les télécommunications, et ceux réservés aux usagers comme les écoles, les hôpitaux ou les stades. Mais ce sont les équipements culturels (et sportifs) dont l'objectif est de fournir des services complémentaires à ceux de l'institution scolaire qui cristallisent l'attention.

Le moment fort de leur édification, nous l'avons vu, se situe après 1961, date de la première loi d'équipements sportifs et socio-éducatifs qui inscrit dans le budget de l'État les enveloppes financières nécessaires à leur construction, et se termine vers la fin des années 1970. On estime à plus de 20 000 les équipements culturels (et à 100 000 les équipements sportifs) qui sont désormais à la charge des communes. Cet ensemble largement géré par des animateurs professionnels constitue un des fondements, peut-être le noyau dur du système d'animation.

Avant ces installations publiques, il a existé des lieux collectifs notamment des locaux de patronages catholiques et d'amicales laïques, quelques maisons pour tous et centres sociaux construits par des financements privés ou des collectivités locales. La Ligue de l'enseignement évoque dès 1937 l'idée de foyers pour tous installés à côté des écoles, le régime de Vichy organise les premières maisons de jeunes et la FFMJC, en accord avec les experts militants de Peuple et Culture, impose l'idée qu'une maison des jeunes et de la culture devient nécessaire dans chaque quartier, ville ou village. La nouveauté vient du soutien cumulé de la technostructure d'État et des mouvements d'éducation populaire qui œuvrent ensemble à l'émergence de ces équipements publics et neutralistes.

Leur édification est alors indissociable du modèle de planification, lui-même lié à un urbanisme fonctionnel dominant. La ville, et en particulier ses extensions (grands ensembles, ZUP...), sont organisées selon un zonage distinguant zones d'habitations, zones industrielles, zones commerciales et zones universitaires, faisant éclater la plurifonctionnalité des quartiers traditionnels[7]. Dans ce nouvel aménagement de l'espace, la notion d'équipement collectif tient une place prépondérante inscrite dans un dispositif réglementaire et budgétaire. L'État devient maître d'œuvre, et ce sont les administrations centralisées à Paris qui orientent les décisions en réservant les crédits nécessaires à leur réalisation. Une technostructure s'organise autour des personnels de l'État issus du corps des ingénieurs, en relation étroite avec les industriels du bâtiment engagés dans la fabrication de longues séries revenant moins cher et correspondant au plan type proposé. Les uns et les autres partagent globalement les mêmes valeurs de la théorie fonctionnaliste et appliquent, sans états d'âme, la logique des normes et des grilles. Les documents que la mission technique de l'équipement du Ministère de la Jeunesse et

---

[7] AUGUSTIN, J.-P., DUBET, F., « L'espace urbain et les fonctions sociales de l'animation », *Les Cahiers de l'animation*, n° 7, 1975.

des Sports propose à partir de 1963, notamment ceux publiés en coédition avec *Le Moniteur du bâtiment et des travaux publics* (huit éditions entre 1963 et 1977) témoignent de cette entente et d'une large diffusion au niveau local.

Les experts assignent aux équipements un rôle de compensation par rapport aux tendances d'une société moderne qui menacent les sociabilités de base par le déracinement des individus et leur entassement dans des habitats collectifs, et par des consommations futiles de plus en plus individualistes. L'équipement est promu au rang de contre-modèle d'une société à l'américaine, comme le souligne le texte de présentation du Quatrième Plan de développement économique et social de 1962 : « *Des avis recueillis se dégage l'idée d'un plus large recours aux services des équipements collectifs. On peut penser en effet que la société de consommation qui préfigure certains aspects de la vie américaine (...) se tourne à la longue vers des consommations futiles, elle-même génératrice de malaises. Sans doute vaudrait-il mieux mettre l'abondance progressive qui s'annonce au service d'une idée moins partielle de l'homme* ».

Ce projet qui forge, selon l'expression de Philippe Estèbe[8], une rhétorique de la sphère publique comme envers de la société réelle, est largement partagé par les dirigeants des fédérations et des services de l'État car il manifeste une utopie providentielle en valorisant des éléments de solidarité fondée sur la proximité et l'action collective.

On comprend mieux comment l'équipement collectif participe au transfert des actions issues de l'éducation populaire et devient un lieu d'investissement du mouvement associatif, d'autant que le modèle propose d'expérimenter de nouvelles formes de gouvernement fondées sur la coopération, la concertation et la cogestion. Les piliers de cette

---

[8] ESTÈBE, P., « Des équipements collectifs aux espaces publics », *Projet*, n° 243, 1995.

« gouvernance » sont les animateurs polyvalents qui doivent être attentifs à l'équilibre des groupes, les bénévoles du quartier censés y assumer des responsabilités et le conseil d'administration élu démocratiquement. La FFMJC, suivie de l'ensemble des organisations (centres sociaux, foyers de jeunes travailleurs, foyers ruraux, foyers socio-éducatifs...), affirme le caractère civique et politique du projet et les nouveaux lieux sont présentés comme des antichambres de la gestion municipale.

Au-delà d'expérimentations et d'initiatives réussies, le modèle n'a pas obtenu le consensus attendu car il participe à une vision trop idéale et illusoire de la société. Il n'a pas évité les difficultés liées aux rapports sociaux (conflits entre jeunes scolaires et ouvriers, entre groupes sociaux, entre animateurs et administrateurs...) et, avec la fin d'une relative homogénéisation des conditions de vie, de la progression continue du niveau de vie et d'une promotion sociale largement garantie, s'est effondré le mythe d'un modèle de communauté locale. Aux critiques concernant la normalisation se sont ajoutées celles sur leur incapacité à accomplir leur projet explicite qui a favorisé leur changement de fonction et de mission.

Le modèle adapté du service à la carte

Les difficultés de fonctionnement des équipements, la mise à jour de la quasi impossibilité d'effectuer leur mission ont été perçues par les animateurs, les fédérations et les techniciens du Plan. Le groupe de travail « Développement urbain » du Commissariat général du Plan note, dans son rapport de juillet 1983, que les équipements sont trop éloignés de la vie réelle et qu'il convient donc d'abandonner un modèle de vie sociale collective pour s'adapter à la diversité des usagers et leur offrir des services diversifiés.

Fédérations et galaxie associative

Les fédérations d'éducation populaires ont participé et participent encore activement à la dynamique de l'animation, des équipements et des dispositifs publics ou para-publics qui leur sont liés. nombre d'entre elles ont inventé et expérimenté localement des modèles et des méthodes qui ont été repris au niveau national, où, reformulés et normalisés, ils ont été diffusés et parfois imposés à l'ensemble du territoire. C'est ce rapport local-global qui produit, à partir du travail de médiation des acteurs sociaux, les référentiels qui sont devenus les fondements des systèmes d'animation. Dans ce jeu, les fédérations ont perdu une partie de leurs prérogatives et de leurs pouvoirs, mais elles ont permis la mise en place de multiples gouvernances locales de l'animation socio-culturelle caractéristiques du système politico-administratif français.

Toujours actives et représentant un ensemble professionnalisé qui n'a jamais été aussi important, leurs forces résident dans la gestion de leur patrimoine éducatif et dans leur organisation nationale et locale qui leur assure une représentation sur l'ensemble du territoire.

Leur capacité à s'adapter aux mutations de la société complique cependant leur positionnement. Les évolutions sociétales et notamment la mise en cause des grandes idéologies et la montée de l'individualisme affaiblissent leur organisation pyramidale qui s'effrite souvent pour céder la place à des groupements plus indépendants. Ceux-ci s'inscrivent dans une arborescence et dans des concurrences associatives renforçant les organisations locales qui sont moins dépendantes des emprises traditionnelles. Dans les fédérations, le militantisme qui adhérait totalement à l'institution se défait et laisse émerger des professionnels plus autonomes qui valorisent des compétences personnelles acquises par ailleurs. Le recul des projets globaux ouvre la voie à des engagements plus distanciés, de plus en plus en concurrence avec une offre très diversifiée d'animation.

Ces tendances ne doivent pas cependant réduire, comme le font trop rapidement certains observateurs, les fédérations d'éducation populaire à des organisations en voie de disparition car elles n'ont jamais été aussi bien organisées et visibles dans le paysage des villes.

Il est inutile et largement impossible d'ailleurs de tenter un inventaire de ces groupements qui sont toujours rassemblés dans le CNAJEP (cf. tableau 1). Rappelons cependant que la Ligue de l'enseignement et de l'éducation permanente regroupe plus de 30 000 associations. Ces associations sont réunies au plan départemental dans les fédérations des œuvres laïques qui multiplient les partenariats avec les collectivités locales. Au plan national, l'influence de la Ligue n'est pas négligeable et son action vis-à-vis de divers ministères (Éducation nationale, Jeunesse et Sports, Culture, Affaires sociales...) en fait un des rouages actifs du système politico-administratif français. À côté d'elle, d'autres organismes nés de la matrice laïque (Éclaireurs et éclaireuses de France, CEMEA, JPA, Francas...) forment un ensemble structuré, diffusant leurs savoirs, leurs techniques et leurs valeurs. D'autres fédérations d'origine confessionnelle comme l'UFCV, ou socialistes comme la fédération Léo Lagrange agissent dans une perspective proche.

Le modèle de fonctionnement des équipements devient dans la pratique plus complexe ; il s'adapte en fonction des milieux, des moyens d'action et de la capacité d'innovation des animateurs et administrateurs. On peut distinguer trois types d'adaptation correspondant aux options de l'intégration sociale, de l'action culturelle et de l'animation globale[9]. L'évaluation de l'animation professionnelle a précisé l'éclatement du secteur socio-culturel selon des logiques différentes valorisant l'approche culturelle, sociale ou récréative[10] qui ont été analysées à partir de situations concrètes dans les villes de Rennes, Grenoble, Nantes ou Bordeaux.

L'étude réalisée à Rennes au début des années 1990[11] a porté sur une trentaine d'organismes conventionnés rassemblant six équipements affiliés à la Ligue de l'enseignement, cinq issus des patronages confessionnels, quatre MJC, trois dépendant de la fédération Léo Lagrange et dix équipements divers dits de quartier.

Cet ensemble constituant le noyau de l'animation professionnelle de la ville se caractérise par trois faits majeurs. Le premier est qu'au-delà de leur histoire et de leur affiliation, ces équipements participent au maillage socio-culturel de la ville, résultat de compromis élaborés autour de l'Office social et culturel rennais. Le deuxième a trait à l'importance de leur public, estimé à 25 000 adhérents et à 200 000 personnes les fréquentant à titre occasionnel. Le troisième souligne qu'il représente un secteur professionnalisé aux savoirs élaborés, capable de proposer une gamme d'activités étendues.

Au-delà de ces faits, les évaluateurs rappellent que le secteur est en proie à une crise latente, résultat de tensions entre les dynamiques évoquées d'une part, et une mécon-

---

[9] AUGUSTIN, J.-P., *Les jeunes dans la ville*, Bordeaux, PUB, 1991.
[10] ION, J., « La fin du socio-culturel ? », *Les Cahiers de l'animation*, n° 56, p. 69-76, 1986.
[11] HUET, A., (ed.), *L'action socio-culturelle dans la ville*, Paris, L'Harmattan, 1994.

naissance, voire une remise en cause d'autre part. Ils en appellent à une redéfinition de ses moyens et de ses acteurs à partir des différenciations qui sont organisées entre le social et le socio-culturel, entre les équipements résidentiels et l'univers associatif et entre les équipements eux-mêmes.

La diversification des équipements peut être ramenée à quatre groupes. D'abord les équipements socio-éducatifs et socio-sportifs qui sont les héritiers d'une tradition de loisirs et notamment de loisirs sportifs initiés par les patronages laïques et confessionnels ; s'ils restent classés comme équipements socio-culturels, c'est qu'ils continuent à avoir une action dans ce sens à travers leurs activités sportives. Ensuite, les équipements de pratique artistique de masse que les responsables préfèrent appeler équipements culturels ; ils favorisent l'apprentissage d'activités musicales, graphiques, dramatiques, rythmiques, gymniques (...), tout en assurant une triple mission de services, de qualification et de diffusion culturelles. Puis les maisons de quartier dont l'objectif est surtout de constituer des espaces de socialité et de sociabilité utiles aux groupes cohabitant sur un même territoire ; leur caractéristique est la polyvalence et la multifonctionnalité, et leurs animateurs proposent à la fois des loisirs et une aide à l'initiative des usagers et des habitants du quartier. Enfin, les équipements de « soutien culturel » qui se différencient des maisons de quartier puisque leur fonction sociale est d'assurer la mise en valeur ou la reprise du lien social dans des milieux où celui-ci risque d'être mis en péril ou doit être consolidé.

Les auteurs insistent sur les rapports entre les équipements et l'univers associatif ; ils montrent que les premiers favorisent la structuration des associations, mais que la vitalité associative, par sa capacité à organiser les sensibilités de la société civile, est génératrice d'initiatives. Ces échanges, pas toujours faciles à gérer, initient une dynamique qui fonctionne d'autant mieux que les équipements ne sont pas directement dépendants d'un milieu associatif multiforme.

Cherchant à définir l'animation professionnelle, Armel Huet propose de partir d'une définition anthropologique de la culture, la considérant comme « l'ensemble des processus par lesquels l'homme médiatise sa connaissance, son agir, son être et son vouloir » et montre qu'à côté des équipements du savoir (Éducation nationale) ou du patrimoine culturel, les villes ont besoin d'équipements leur permettant d'agir et de pratiquer culturellement. Le rôle de ces équipements et services n'est pas de créer un « plein culturel », mais un « manque » et de tenter de le satisfaire. Cette approche rejoint celles menées à Bordeaux par les chercheurs de l'ISIAT qui considèrent que l'objet « culturel » ne doit pas être perçu seulement comme un fait social dont il faut saisir les contours, mais aussi et surtout comme un social en train de se faire, c'est-à-dire une construction et non un simple construit[12].

Soulignons encore que le domaine de l'animation n'est plus depuis longtemps cantonné au secteur socio-culturel mais s'est ouvert à des activités éducatives, sociales, sportives ou culturelles. À ce titre, d'autres ministères que celui de la Jeunesse et des Sports y interviennent, et notamment les ministères de l'Éducation nationale, des Affaires sociales, de la Culture et de la Ville. Le ministère de la Jeunesse et des Sports est d'ailleurs resté longtemps « sous tutelle » de l'Éducation nationale et a dû s'engager dans l'organisation des activités physiques et sportives, ce qui s'est fait souvent au détriment du secteur « jeunesse et éducation populaire ». Le ministère des Affaires sociales et celui de la Culture ont occupé une partie du terrain laissé vacant, amenant l'animation professionnelle à s'inscrire dans un vaste champ d'actions interministérielles.

---

[12] AUGUSTIN, J.-P., GILLET, J.-C., « Pour un mouvement de recherche et d'expérimentation sur l'animation », *Agora Débats/Jeunesses*, n° 8, 1997.

Le contexte de la professionnalisation

De l'éducation populaire des années cinquante au système urbain d'animation, ce sont deux temps sociaux qui se rencontrent. Le temps des réseaux de socialisation, c'est le temps des militants marqué par des discontinuités sociales fortes. Un temps où les frontières sont ressenties comme plus nettes entre les classes sociales, entre les groupes d'âge, entre les mentalités et les idéologies. Durant ce temps et jusqu'au seuil des années soixante, les réseaux de la société civile ont une double action ; ils sélectionnent d'abord les jeunes en fonction des clivages affinitaires dominants dans la société française et proposent une socialisation confessionnelle, laïque ou socialiste ; ensuite ils les forment et les projettent dans la société ; ce sont souvent des jeunes issus de ces réseaux, et les analyses récentes en termes de générations le montrent bien, qui vont s'investir dans la société et favoriser les transferts institutionnels.

Le modèle dominant des mouvements, réservé à des minorités actives, se défait dès les années cinquante ; les crises témoignent des difficultés internes mais aussi des transformations plus profondes liées à l'évolution de la société et de la ville qui déstructurent les solidarités anciennes. Les jeunes deviennent plus nombreux et plus proches, la lutte de classe s'affadit. Une nouvelle utopie est en train de naître, celle d'un âge de formation, de loisirs et d'animation pour tous. Les réseaux tombent d'accord pour entonner le refrain de l'État providence et lui laisser le terrain libre pour la mise en place des nouveaux systèmes d'animation.

Avec le temps du renforcement de l'intervention de l'État, c'est la mise en place de procédures administratives qui devient l'élément premier. Les programmes, élaborés par de hauts fonctionnaires des ministères concernés, s'articulent sur ce qui est perçu comme de nouveaux besoins pour l'intégration des jeunes dans la société. Les formes d'intervention répondent souvent à une demande des organisations, des groupes et des collectivités locales ayant en charge la jeunesse. Mais la logique administrative l'emporte sur la diversité des situations locales et, à bien des égards, ces missions de premier type qui planifient les équipements apparaissent avec le double visage technocratique et providentialiste[13]. En programmant l'édification des équipements scolaires, socioculturels et sportifs, il s'agit de construire des lieux devant servir de points d'appui à des stratégies éducatives visant à la socialisation, à la réduction des différences et fondées sur des conceptions égalitaires. Ces procédures, basées de 1958 à 1974 sur une sectorisation administrative (Éducation Nationale, Jeunesse et Sports, Affaires Sociales, Affaires Culturelles) et centralisatrice, ne donnent pas toujours les résultats escomptés ; elles vont, dès 1975, à la faveur d'un changement politique alimentant un discours néo-libéral, se ralentir et céder la place à des opérations qui proclament la capacité de la société à œuvrer pour la construction de son avenir. L'appel lancé aux associations et aux groupes intermédiaires amorce une période de transition qui, de 1975 à 1981, sur un fond de crise économique et d'augmentation du chômage des jeunes, cherche à développer de nouvelles procédures d'action.

C'est après l'arrivée de la gauche au pouvoir d'État que les missions d'un deuxième type se déploient à partir de politiques incitatives et contractuelles. La crise, en s'accentuant, a ouvert de nouveaux fronts porteurs de ruptures graves pour l'intégration. Les difficultés d'insertion sociale et professionnelle, la progression de la petite délinquance et du sentiment d'insécurité, la dégradation de certains quartiers et ensembles d'habitations, l'apparition de formes récentes de pauvreté nécessitent de nouvelles formes d'intervention de l'État. Les règles du jeu sont alors basées sur une philosophie de l'animation et de la mobilisation qui se substitue à la période d'édification programmée des équipements.

---

[13] DONZELOT, J., « Nouveaux mécanismes », *Esprit*, Nov. 1987, p. 32.

> ### Animateurs mis à disposition, détachés, objecteurs et les autres...
>
> L'idée de mise à disposition (MAD) remonte à 1945 lorsque le ministre de l'Éducation nationale, René Capitan, signe un décret permettant à 250 enseignants de consacrer leur activité professionnelle dans des associations de la Ligue de l'enseignement. L'intitulé MAD est depuis réservé à des fonctionnaires affectés à une activité extérieure à l'emploi pour lequel ils ont été nommés, alors qu'ils sont juridiquement considérés comme restant en position d'activité et d'avancement dans leur corps initial. Le nombre des MAD a progressé lentement jusqu'en 1981 : 534 en 1949, 730 en 1958, 1 135 en 1980 ; l'arrivée de la Gauche accélère la progression et ils sont 4 000 en 1981 et 7 700 en 1986. Le gouvernement Chirac décide de supprimer 1 700 contrats en 1986 compensés par des subventions aux associations concernées. L'année suivante, le secrétariat d'État Jeunesse et Sports cherche à « redéployer » certains postes MAD en dehors de secteurs considérés comme proches du courant socialiste et en particulier la Ligue de l'enseignement et la fédération Léo Lagrange. Le retour de la Gauche au gouvernement stabilise les effectifs mais divers indicateurs laissent à penser que cette pratique ne sera plus étendue et risque toujours d'être remise en question.
>
> Une autre disposition, celle du détachement, permet aux fonctionnaires d'être placés hors de leur administration. Cette pratique est moins onéreuse pour l'État puisque c'est l'institution d'accueil qui assure le salaire des détachés pouvant réintégrer leur poste au-delà de la période programmée. En 1996, le ministère de l'Éducation signale que près de 1 000 enseignants sont dans cette situation, dont une proportion non négligeable assure des tâches dans l'animation.

On peut encore évoquer les objecteurs de conscience dont la loi du 8 juillet 1983 fixe les règles en leur permettant d'œuvrer pour un statut civil en remplacement du service militaire. Au milieu des années 1990, on estime à 8 000 le nombre d'objecteurs bénéficiant de l'opportunité d'effectuer un service de vingt mois dans des organismes à vocation sociale ou humanitaire ; ces dispositions sont remises en cause par la réforme du service militaire.

Enfin en 1992, les ministères de la Défense, de l'Éducation nationale, de l'Intérieur et de la Ville ont signé un accord de mise à disposition des jeunes appelés au profit de la politique de la ville et du développement urbain. Après une période d'instruction d'un mois, les appelés volontaires exercent auprès d'un établissement scolaire, d'une collectivité territoriale ou d'une association leur activité dans un domaine culturel, sportif, artistique ou éducatif ; ils sont près de 6 000 en 1996. Au total, MAD, détachés, objecteurs et appelés du contingent représentent plus de 24 000 agents au service, pour la plupart, des fédérations d'éducation populaire et du système d'animation.

La création en 1964 du Fonds de coopération de la jeunesse et de l'éducation populaire (FONJEP) est une autre initiative favorisant la professionnalisation des fédérations. L'initiative est venue du Haut comité de la jeunesse qui cherchait à assurer une formation aux cadres des mouvements et des organisations. Il s'agit ici d'une cogestion État-associations favorisée par l'administration Jeunesse et Sports dirigée alors par Maurice Herzog. La loi de 1971 sur la formation professionnelle permet d'obtenir de nouveaux financements et accélère la participation d'autres ministères, les Affaires sociales en 1972, l'Agriculture en 1979, l'Environnement en 1982, l'Économie sociale en 1985 et la Coopération et les Droits de la femme en 1986.

Le nombre de postes se situe en 1996 autour de 5 000, dont plus de la moitié pour le secteur de la Jeunesse et des Sports et un quart pour les Affaires sociales. Les emplois jeunes lancés en 1997 par le ministre du Travail concernent souvent le secteur associatif et les emplois dans l'animation.

J. Donzelot résume ces nouveaux mécanismes par la triple règle de l'interpartenariat, du projet et de la contractualisation. L'interpartenariat vise à décloisonner les administrations entre elles et à les rapprocher des associations civiles et des élus politiques. L'élaboration du projet doit permettre le repérage et la mobilisation des acteurs concernés et donc donner consistance à l'interpartenariat afin de déboucher sur un contrat dont l'action sera évaluée systématiquement. Avec ces nouvelles règles, on peut admettre avec l'auteur qu'une philosophie de l'animation s'est substituée à celle de l'aménagement, infléchissant le discours de l'État qui est devenu plus modeste[14] et plus ouvert aux initiatives locales. Les changements politiques de 1986, sans revenir sur la mutation engagée, favorisent de nouveaux discours qui renforcent le modèle du marché et valorisent l'entreprise comme corps intermédiaire opérationnel.

La périodisation des actions qu'il a été nécessaire de construire à un niveau général n'est pas aussi visible au plan local, et des traces correspondant à chaque période se retrouvent localisées dans la ville, du centre à la périphérie. Plus qu'une succession close des périodes, c'est la superposition et l'imbrication selon les contextes locaux qui est alors à retenir car les acteurs ont gardé leur capacité d'utiliser selon leurs ressources propres les mécanismes proposés par les segments administratifs de l'État.

Le temps des militants et celui de l'intervention de l'État ne font pas que se succéder, même si le basculement de l'un et l'autre est une tendance forte ; ils peuvent s'entrecroiser et se mêler selon les lieux et les temps sociaux. De même, les diverses procédures proposées successivement par l'État et les collectivités, équipements de première génération, soutien et valorisation des associations, nouveaux dispositifs d'insertion des jeunes, fonctionnent selon des rythmes et des espaces différenciés. Les systèmes mis en

---

[14] CROZIER, M., *État modeste, État moderne*, Paris, Fayard, 1987.

place sont toujours provisoires ; ils n'existent, comme le remarquent C. Gilbert et G. Saez, que dans des combinaisons inédites, des conjugaisons toujours nouvelles du « sens » disponible. C'est par une nouvelle combinaison du culturel, du social, du sportif, du touristique que peut exister la vie sociale. « *Ces combinaisons n'ont qu'une légitimité provisoire, il faut donc pouvoir les désorganiser, puis les réorganiser périodiquement de manière originale.[15]* ». Il s'agit en dernier recours de donner un sens à la ville, aux jeunes et aux résidents. En résumant et en schématisant les types d'intervention, on peut distinguer trois périodes, épiques, topiques et stratégiques.

La période épique est celle du déploiement des œuvres et des mouvements de jeunesse ; elle est marquée par le bénévolat et l'engagement militant dans un contexte de concurrence des réseaux affinitaires. Elle s'épuise dans les années soixante face à l'éclatement de la ville et à l'intervention de l'État qui est à la fois réclamée et subie par les organisations de jeunesse.

Une seconde étape commence alors : il s'agit de la période topique, de 1958 à 1974. Cette période correspond à une représentation mythique de la ville, ce qu'Henri Lefebvre appelle une topie, c'est une représentation spatiale capable d'orienter l'action sur le tissu urbain. Au lieu de se présenter comme des services, les équipements se proposent de mettre les jeunes « en service »[16], ou, si l'on préfère, au service de la communauté. Les équipements programmés par l'État sont progressivement édifiés mais la greffe ne prend pas comme on l'attendait et le doute sur leur efficacité, sur leur capacité d'intégration réelle dans l'espace du quartier ne fait que s'accentuer. Prévus initialement pour être l'équipement de tous, ils regroupent rare-

---

[15] GILBERT, C., SAEZ, G., *L'État sans qualités*, Paris, P.U.F., 1982.
[16] RAYMOND, H., *Espace urbain et équipements socio-culturels*, Institut de Sociologie Urbaine, Paris, 1973.

ment plus de 20 % de la population des jeunes d'un quartier.

Une troisième étape stratégique commence avec d'abord la valorisation des associations et le développement de leur coordination par des centres d'animation, des collectifs ou des offices municipaux qui se donnent pour objectif de diversifier les actions. Puis à partir de 1981, ce sont de nouveaux dispositifs d'intervention qui sont définis ; ils sont à base territoriale et présentent un caractère expérimental. Soutenues par l'État, les actions tentent de mobiliser les forces locales et donnent un surcroît de pouvoirs aux municipalités.

Au-delà des types d'intervention, c'est une double rupture que nous avons perçue. La première illustre un phénomène général qui correspond à un changement de sens dans le processus de socialisation ; la seconde a trait à la gestion proprement dite des institutions qui se caractérise par une marche quasi inéluctable vers la municipalisation des actions.

L'émergence de l'animation accompagne un changement de sens au niveau de la socialisation. Le bénévolat, qui était la norme dans les années cinquante, a laissé progressivement la place à l'animation professionnelle. L'animateur, plus que possesseur de valeurs sûres à transmettre, s'est investi dans les secteurs de la relation et de la communication, et dispose d'une position médiatrice entre les usagers et les groupes. Des patronages aux équipements d'animation culturelle, des centres aérés aux centres de loisirs, du club sportif au sport pour tous, il y a beaucoup plus qu'un changement d'appellation. Les mouvements, les patronages et le courant de l'éducation populaire avaient une fonction affirmée de moralisation et de socialisation politique des jeunes. Il s'agissait, pour les catholiques, d'une perspective de défense religieuse et de rechristianisation sociale. Celle-ci, formulée dès la fin du XIXe siècle, s'est poursuivie jusqu'au début des années soixante. Chez les laïques, la socialisation politique constitue également un des fondements et des buts de l'éducation.

Dans cette perspective, c'est un système de valeurs et un projet d'éthique collective qui sont affirmés. Ce système, dans sa genèse, est lié à la restructuration du champ politique, culturel et religieux de la fin du XIXe siècle ; il se maintient sous des formes variées jusqu'au seuil des années soixante. L'émergence de l'animation, des équipements et des dispositifs d'insertion correspond, dans une période de forte urbanisation et de transformation économique, à une nouvelle structuration du champ politico-culturel. Celui-ci se traduit par un déplacement du contrôle social vers les nouveaux secteurs urbains, où les thèmes de la vie locale, des problèmes de quartier, d'identité et d'éthique individuelle se développent.

« *Animer, c'est susciter ou activer un dynamisme qui est à la fois biologique et spirituel, individuel et social ; c'est engendrer un mouvement qui passe par l'intérieur des êtres, et donc par l'intérieur de leur liberté. De l'extérieur, on peut contraindre et diriger, mais sans communication par le "dedans", on ne peut animer. C'est dire du même coup que l'animateur n'est jamais neutre, car le dedans des hommes n'est jamais atteint lorsqu'on ne veut pas se préoccuper des valeurs auxquelles ils tiennent profondément*[17]. »

Cette citation, encore imbue d'une vision humaniste, fait de l'animation un moyen de promotion de l'individu isolé dans un monde anomique. L'animation est aussi une tentative de lutte contre les nouvelles ségrégations, un projet d'intégration sociale. L'important est moins le contenu du message que sa circulation ; au collège, au club et au foyer de jeunes, au centre d'animation sportif, il faut « intégrer », le mot d'ordre est la participation de tous. Cette conception

---

[17] THÉRY, H., GARRIGOU-LAGRANGE, M., *Équiper et animer la vie sociale*, Paris, Centurion, 1966.

qui s'impose partout est porteuse de conflits, dans la mesure où elle marque une rupture pédagogique avec les conceptions traditionnelles, et où elle oppose des expérimentations non directives aux modèles anciens.

Elle ne s'applique pas de la même manière selon les lieux, et les animateurs sont bien placés pour savoir, au sens géographique du terme, que le terrain où on leur demande d'agir en priorité est souvent un terrain miné tant est grand le cumul des handicaps des catégories sociales regroupées dans quelques cités H.L.M. ou grands ensembles populaires.

Le second changement est lié à la municipalisation des actions. Déjà, durant la première période, les municipalités apportaient un soutien financier aux réseaux ou à certains d'entre eux selon leurs affinités sans pour autant intervenir dans la gestion des institutions. Progressivement, elles ont été amenées à édifier d'abord des équipements sportifs puis, bénéficiant de l'aide et de l'incitation de l'État par le biais de la planification, elles se sont engagées dans l'édification des nouveaux équipements sportifs et socioculturels. Pour les gérer, les municipalités ont dû participer au financement de postes d'animateurs sportifs et culturels. La multiplication des équipements et des emplois professionnels n'a pas été suffisante pour faire face à la crise d'insertion des jeunes et aux ségrégations liées aux processus de mobilité urbaine. Les lois de décentralisation, les nouveaux dispositifs, ont renforcé le pouvoir et la légitimité de l'action municipale.

Ces deux changements n'ont cependant pas eu les mêmes effets selon les temps et les lieux sociaux. À chacune des périodes étudiées, les acteurs institutionnels sont à l'œuvre avec des contraintes, des projets et des moyens bien différents. Dans ce mouvement, un système d'animation, résultat de la sédimentation de chacune de ces périodes, s'est progressivement constitué. En associant et en transformant l'organisation interne des réseaux traditionnels, des équipements, des associations et des dispositifs récents, il donne corps et visibilité à un nouvel ensemble d'intervention sociale. Ce système complexe, enraciné dans l'histoire du pays, a donné lieu à des interprétations divergentes ; certains l'identifient à une prothèse sociale destinée à permettre l'adaptation à une société en changement ; d'autres, en raison de sa diversité, refusent de lui reconnaître une consistance. Nous proposons de le considérer comme un système intermédiaire d'actions et de développement culturel jouant sur le triple registre de la régulation, de la promotion et de la valorisation sociale, système dont il convient de poursuivre, après ces rappels historiques, l'élucidation théorique.

Chapitre 3

ACTEURS ET FONDEMENTS DU SYSTÈME D'ANIMATION

Les chapitres précédents mettent en évidence que l'éducation populaire et l'animation font partie de l'histoire de la société française dans laquelle elles s'inscrivent de façon particulière. À partir des années soixante, l'animation participe à la construction d'un système d'action éducatif qui fonctionne, se développe, vit des mutations en interaction avec les institutions, les politiques publiques, les équipements, les groupements qui l'environnent.

Les contextes ont eu des répercussions sur le système lui-même : mais ce qui a fait perdurer son rôle sur la société, c'est que ses fondateurs et ses héritiers partagent largement une culture de la promotion des personnes et de la solidarité entre les groupes sociaux. Cette attitude positive se manifeste par le fait que l'animation met l'accent sur les potentialités et les processus, les changements et les innovations, plutôt que sur les manques, les difficultés et les reproductions (sans bien sûr minimiser leur existence).

Le présent chapitre oriente l'analyse sur les acteurs de l'animation qui font vivre le système : bénévoles et militants ; employeurs et professionnels. Qui sont-ils ? Quel état des lieux ? Quelles évolutions récentes ? Mais aussi quels rapports entre vie associative, action collective et animation ? Quelles influences sur la société ? À quels besoins répond l'animation ? Quelle est son utilité sociale ?

La réponse à ces questions n'est pas évidente. En effet, la plupart des études statistiques concernent le champ associatif en général et peu celui de l'animation en particulier. Or il n'est pas possible d'assimiler la seconde au premier. Bien sûr, le secteur de l'animation est historiquement inséré dans le tissu associatif, mais aujourd'hui il le dépasse dans les collectivités territoriales par exemple, voire dans le secteur lucratif. À l'inverse, des associations telles qu'un groupement d'anciens combattants, une secte et même une simple amicale de retraités amateurs de boules n'ont rien à voir avec le corpus et les pratiques de l'animation socioculturelle.

De même, le champ de l'animation professionnelle dépasse le seul secteur de l'éducation populaire. En effet, nombre d'animateurs sont inclus dans les champs du développement local, du handicap physique ou mental, du tourisme, de la formation ou de l'insertion, sans que les structures d'appartenance professionnelle aient toujours un rapport avec l'éducation populaire identifiée à travers les grands réseaux issus de l'avant, pendant ou après Seconde Guerre Mondiale, ou celle définie et à l'œuvre actuellement dans le champ du Ministère de la Jeunesse et des Sports.

Et, parallèlement, une multitude d'associations sont nées dans des quartiers fragiles ou des zones rurales en difficulté, n'ayant pour leur part aucun lien avec les mouvements reconnus de l'éducation populaire. L'exclusivité de la formation à la citoyenneté n'appartient donc pas aux seuls fondateurs du projet de démocratisation du savoir, mais aussi à tous ceux « *qui en font sans s'en réclamer* », comme l'exprimait la Ministre de la Jeunesse et des Sports au cours du colloque consacré à ce thème en fin 1998.

L'analyse devra donc procéder par strates successives permettant de repérer, telles des poupées-gigognes, l'importance du champ associatif français, le secteur spécifique de l'animation en son sein et le sous-système des animateurs professionnels que celui-ci inclut.

Les acteurs

Le contexte associatif français par les chiffres

Les données statistiques françaises traitées par les chercheurs en ce domaine sont relativement importantes et s'il est parfois difficile d'établir des certitudes absolues[1], il reste possible de préciser les caractéristiques présentes et les évolutions sur le long terme.

> *700 000 à 800 000 associations.*
> *6 à 9 millions de bénévoles ou volontaires.*
> *41,5 % du bénévolat dans le champ de la culture, du sport et des loisirs,*
> *16,5 % dans les services sociaux,*
> *11 % dans l'environnement,*
> *8,5 % dans l'éducation et la recherche,*
> *(le reste partagé entre la santé, la défense des droits, le développement local, etc.).*
> *Accroissement du bénévolat de 1,8 % entre 1990 et 1993.*
> *Un bénévole consacre en moyenne 20 heures par mois à son activité.*
> *• Budget du secteur associatif français :*
> *- 217 milliards de francs (1990) dont 129 d'origine publique et 88 d'origine privée.*
> *- 230 milliards (1997).*
> *• Évaluation économique du bénévolat :*
> *- 0,82 million de personnes en équivalent temps plein (1993).*
> *- travail des bénévoles équivalent à 74 milliards de francs (1993).*

Sources[1,2,3,4,5,6,7,8,9]

---

[1] Concernant les difficultés méthodologiques de la recherche quantitative, consulter : « L'association, le bénévole et l'emploi », Document de l'INJEP, n° 34, CNVA/INJEP, p. 11-19, 1998.

[2] HALBA, B., LE NET, M., *Bénévolat et volontariat dans la vie économique, sociale et politique*, Paris, Les études de la Documentation Française, 1997.

[3] CREDOC, « L'adhésion aux associations reste à un niveau élevé », *Consommation et modes de vie*, n° 123, janvier 1998.

La présence du bénévolat est donc affirmée dans de nombreux secteurs de la société et le poids économique et financier de celui-ci sont des données positives qui donnent un cadre général plutôt favorable au développement de l'animation bénévole et professionnelle. Cependant, on ne saurait établir une équivalence entre le champ associatif et le secteur spécifique de l'animation professionnelle. C'est ainsi que des associations revendicatives luttant pour l'obtention de différents droits (au logement, à la régularisation administrative, au travail) ou pour l'amélioration du cadre de vie ou la sauvegarde de l'environnement ne peuvent être confondues avec les activités de services culturels, de loisirs ou de formation créées et développées par les animateurs. De même, nombre d'associations bénévoles qui favorisent la participation d'usagers, d'habitants, de jeunes à des activités sportives ou culturelles, en utilisant les réseaux de proximité qui sont les leurs sur un territoire donné, relèvent peut-être de l'animation socioculturelle, mais sans pour cela pouvoir ni embaucher un professionnel

---

[4] DONNAT, O., *Les pratiques culturelles des Français, Enquête 1997*, Département des études et de la prospective, Paris, *La Documentation Française*, Ministère de la Culture et de la Communication, 1998.

[5] D'ELLOY, G., « Rajeunir les associations », *La Tribune FONDA*, n° 112, juin 1995.

[6] CRENNER, E., « Le milieu associatif de 1983 à 1996 », *INSEE première*, n° 542, septembre 1997.

[7] KALTENBACH, P.P., *Les associations lucratives sans but*, Paris, Denoël, 1995.

[8] En 1992, une note de la direction du budget propose une autre estimation : 48 % seulement des recettes des associations viendraient des subventions de l'Etat : 4 milliards du ministère du Travail et de la Formation Professionnelle, 850 millions de celui de la Culture, 750 millions de celui des Affaires sociales, 300 millions de celui de l'Éducation nationale, 200 millions de celui de la Jeunesse et des Sports. Mais il faut prendre ces chiffres avec prudence : c'est ainsi que l'État compte parmi les subventions aux associations les sommes versées à l'A.N.P.E. ! De plus, il faut ajouter à ces sommes les subventions versées par les collectivités locales et la Sécurité sociale.

[9] ARCHAMBAULT, E., « The non profit sector in France », partie française de l'étude John Hopkins University, *Manchester University Press*, 1995.

de l'animation, ni même parfois y songer, tout au moins dans les premiers mois ou les premières années.

Cette distinction appelle une perception plus juste des aspects qualitatifs du bénévolat et de l'engagement associatif.

L'engagement associatif en question

Il se confirme le repli du militantisme, c'est-à-dire le recul de la défense des intérêts collectifs, celui des engagements politiques et syndicaux, en parallèle avec une certaine désaffection de la vie publique, liée à la crise de la société. Ce clair désir de participer sans militer signifie que les associations regroupant des personnes pour des activités communes (sport, culture, troisième âge) ont plutôt le vent en poupe, alors que celles orientées vers la défense d'intérêts communs sont en panne de vent, voire reculent (associations de propriétaires, d'anciens combattants, de parents d'élèves ou syndicales)[3].

On assiste à un étrange paradoxe : la participation à la vie associative (c'est-à-dire un engagement qui va au-delà de la simple adhésion) a fortement augmenté en plus de 20 ans[6], ce qui exprime un plus fort besoin d'appartenance à un groupe auquel on peut s'identifier, voire auquel on peut apporter ses compétences et son temps ; et en même temps, il y a un refus du militantisme classique et la recherche d'une certaine autonomie qui serait mise en danger par des groupements perçus comme trop prégnants sur la vie personnelle.

Les mouvements de jeunesse et d'éducation populaire n'échappent pas à ce phénomène, même si leur poids est encore considérable : par exemple, en 1997, la Fédération Française des Maisons des Jeunes et de la Culture, annonce 550 000 adhérents (dont 2/3 ont moins de 20 ans), 3 millions d'utilisateurs, 9 300 emplois (dont 3 800 permanents), 20 000 bénévoles, plus d'un millier d'associations locales ; pour la même année, la Ligue de l'Enseignement rassemble 100 fédérations, 34 000 associations locales et

2,5 millions d'adhérents. Les centres sociaux, au nombre de 1 650 en 1998, sont en forte croissance : près de 500 ont été agréés par la CNAF depuis 1986 (ces chiffres proposés par les mouvements eux-mêmes induisent parfois des doubles comptes, une association locale déjà existante pouvant acquérir une affiliation complémentaire : de plus, il serait utile de comparer les modalités de comptage des uns et des autres pour obtenir des résultats incontestables).

Comment comprendre cette évolution des comportements ? Hier, les configurations militantes plaçaient centralement les valeurs de sociabilité au sein des groupements à fortes identités collectives, dont la fédération était l'expression parfaite, à l'articulation de l'individu et de l'État, du territorial et du national, du haut et du bas, dans un rapport de forces et des rapports de pouvoir tantôt conflictuels, tantôt co-gestionnaires et parfois les deux en même temps. Aujourd'hui la période de l'engagement dans une association comme modèle de contre-société s'efface partiellement au profit de nouvelles formes de participation sociale, correspondant plus à une figure d'un idéalisme plus proche de la réalité et de l'action de terrain qu'à celle du militantisme héroïque, d'un dévouement total à la cause[10] : même si les objectifs restent souvent identiques, les discours et les méthodes ont changé.

Le déclin des associations revendicatives, le tarissement du bénévolat dans le mouvement d'éducation populaire, le développement à l'inverse de groupements de plus en plus spécialisés et plutôt autonomes, créés par les associés et non plus préexistants, où désormais les individus proposent leurs compétences, leurs réseaux, leurs ressources sont le signe de cette évolution. Le bénévole et le volontaire refusent une certaine forme de collectif sur lequel chacun pense avoir peu de prise et où délégation et langue de bois faisaient parfois bon ménage. Hier, l'adhérent était encarté,

---

[10] ION, J., *La fin des militants ?*, Coll. Enjeux de société, Paris, Éditions de l'Atelier, 1997.

aujourd'hui, il relève du « post-it » : on peut y voir, comme l'explique J. Ion, une redéfinition possible du « nous » et du « je », dans une rencontre nouvelle entre la personne et la société, par le partage conscient et critique d'expériences communes avec les autres[10].

La militance semble donc, sinon se substituer, tout au moins se superposer au militantisme. Autant le second évoque souvent une rigidité et une continuité dans la démarche, autant la première signifie une façon plus ouverte, plus tolérante, moins contrôlée de l'engagement personnel dans une organisation, elle-même plus souple dans son fonctionnement et ses cycles temporels. La période de Mai 68 et les années suivantes, en même temps qu'elles ont pu être caractérisées par certains de ses acteurs comme une volonté d'alternative globale à la société capitaliste régnante dans sa phase de croissance, virent apparaître parallèlement la naissance et le développement de thématiques revendicatives spécifiques (les mouvements féministes, écologiques, nationalitaires, les luttes des prostituées, des homosexuels, des sans-papiers débutent pour l'essentiel dans les années soixante-dix). Cet éclatement thématique a été accentué dans les années quatre-vingt plus particulièrement avec le vote des lois concernant la décentralisation, redistribuant les compétences et les financements entre les communes, les départements, les régions et l'État, dans un flou qui aujourd'hui peut être analysé comme un des facteurs de démobilisation associative devant la difficulté à identifier clairement les responsabilités respectives et à répondre aux impératifs des financements croisés. Le cadre de référence habituel (la relation dominante à l'État) est encore plus morcelé dorénavant par les politiques publiques sectorielles (politiques de la jeunesse, de la ville, de la lutte contre l'exclusion, etc.) qui déstabilisent davantage les acteurs locaux associatifs. On comprend dès lors que chacun de ceux qui s'engagent préfère tenter de maîtriser sa participation, son temps, sa vie privée, dans des activités et des objectifs plus concrets, plus visibles, plus mesurables parce que plus limités. Enfin la dimension européenne et la globalisation des échanges de toute nature semblent valoriser, à côté du local, le mondial plus que le national.

Le processus d'individuation dans l'engagement associatif relève-t-il plus d'une éthique de responsabilité que d'une éthique de conviction, selon les catégories wébériennes, reprises par J. Ion ? Rien n'est moins sûr. Dan Ferrand-Bechmann, sociologue du bénévolat, indique que les motivations principales des bénévoles en France relèvent en premier de *« la défense d'une cause »* et de *« la volonté de se rendre utile »* (71 % pour les deux items), puis le fait de *« rencontrer des gens »* (57 %), d'*« occuper son temps »* (33 %), d'*« utiliser ou entretenir ses compétences »* (17 %)[11]. Valeurs et motivations semblent justifiées fortement dans la conviction même si elles ne relèvent pas bien sûr d'un acte d'altruisme exclusif mais aussi d'une recherche de reconnaissance, d'un choix pour et par soi-même, d'un équilibre nécessaire pour certains, de la rencontre de l'autre, d'une dynamique individuelle permettant l'épanouissement et la valorisation de soi, d'un apprentissage de la vie sociale, d'enjeux à garder ou à prendre, d'intérêts cachés[12]. C'est d'ailleurs peut-être parce qu'elle perçoit clairement la nature et la raison première de cet engagement que la population française, interrogée dans de nombreux sondages, accorde régulièrement sa confiance à la famille (9 sur 10), puis immédiatement après aux associations (8 sur 10), les syndicats ne venant que loin derrière (3 sur 10) et les partis plus loin encore (1 sur 10).

La continuité générale du bénévolat depuis de nombreuses années, le taux d'adhésion quasi inchangé, la confiance

---

[11] FERRAND - BECHMANN, D., *Bénévolat et solidarité*, Coll. Alternatives, Paris, Syros, 1992.
[12] Pour le débat théorique sur les thèmes du don et du contre-don, de la gratuité et de la gratification, le lecteur peut se reporter aux travaux de M. Mauss, de R. Boudon, de M. Crozier ou de P. Bourdieu. Il peut aussi consulter *Enquête sur les dons et le bénévolat*, Éd. Fondation de France, 1997.

dont bénéficie le secteur associatif, relèverait à la fois des défaillances d'une société aux structures bureaucratiques et hiérarchiques à l'excès, dominée par la seule rationalité économique. La vie semble déserter les institutions et la société devenir implacable : elle est en tout cas l'objet d'une perte de signification sur sa finalité.

S'il n'assume pas toujours clairement l'évaluation précédente, le secteur associatif correspond bien à la volonté de réintroduction de la communauté et à la recherche d'un autre type de lien entre les hommes : s'entraider, se parler permettent de donner du sens au fait de vivre ensemble. Ce serait un moyen de contourner l'oppression étouffante et matérialiste de la société présente[13].

C'est d'ailleurs sur cet ensemble de valeurs et de pratiques, consistant à mettre en tension la société et la communauté pour établir une plus juste régulation de l'existence des rapports collectifs des hommes entre eux, que certains bénévoles et militants autour de 1960 ont demandé à devenir des professionnels de l'animation dans les structures où ils étaient engagés.

Les acteurs du champ professionnel de l'animation

Plusieurs questions centrales apparaissent ici. Comment distinguer le champ de l'animation bénévole dans le secteur associatif en général ? Quels secteurs d'intervention pour l'animation ? Qu'en est-il des rapports entre bénévoles et professionnels ? Combien de professionnels en fonction et de quel type ? Et, en définitive, est-il légitime de parler de la profession d'animateur ?

Les rapports entre bénévoles et professionnels

Le secteur associatif peut sembler jusqu'ici uniforme : il n'en est rien. Les associations sont spécialisées selon leurs

---

[13] TRIGANO, S., « Le besoin de communauté », *Le Monde*, 7 décembre 1995. La date de parution rapproche ce texte du mouvement social de la même époque. Il a paru tout à fait transposable au mouvement associatif.

champs d'intervention, leurs origines, la nature de leurs ressources, leurs rapports aux politiques publiques.

Beaucoup cependant s'accordent pour reconnaître que l'économie associative étant productrice de richesses et créatrice d'intégration sociale (par les solidarités de proximité, la maintenance ou la création du tissu social, la gestion collective de la quotidienneté) ne relève spécifiquement pas plus de l'État que du marché. On parlera donc d'une économie ni véritablement officielle, ni véritablement marchande, d'une économie solidaire, non monétaire, d'un tiers secteur, d'une économie du quatrième type ou quaternaire (ni étatique, ni semi-publique, ni privée).

Le poids économique relatif du secteur, le développement continu de l'emploi en son sein, la complexité des situations sociales, culturelles, politiques et financières obligeant à faire appel à des professionnels compétents et qualifiés, amène très directement à s'interroger sur les rapports entre bénévoles et professionnels.

L'approche traditionnelle consiste à présenter le professionnel comme un héritage, résultat d'un continuum allant du bénévole au professionnel salarié. Ainsi, pour le militant d'hier, dans l'éducation populaire, une division technique du travail et l'introduction de la rationalité économique aurait conduit tout naturellement celui-ci à revendiquer le statut d'animateur professionnel. Ceci est encore vrai : dans leur fonction démocratique, les cadres de l'éducation populaire ont fourni et permis la création d'« élites intermédiaires », portées par un projet militant dans un cadre collectif, coagulé dans une éthique autour du sens de la responsabilité, d'une anticipation de l'avenir, d'un apprentissage des jeux de pouvoir, sans oublier les ascensions dans la vie sociale pour les intéressés[14].

Cette approche est toujours présente mais elle semble ne plus être la démarche obligée vers ce type d'emploi, au sens où de nombreux jeunes peuvent être attirés par bien

---

[14] POUJOL, G., « Des élites associatives », *Pour*, n° 152, décembre 1996.

d'autres motivations, en étant passés par des trajectoires de vie bien différentes : la recherche d'une relation et d'une réalisation de soi peuvent tout simplement les orienter vers une activité dans un foyer de jeunes, un comité des fêtes de village ou dans un club sportif de quartier et, junior ou senior de leur catégorie, proposer leurs services d'animateur/éducateur sportif aux poussins ou aux benjamins.

Par ailleurs, une fois entrés dans la profession, les salariés concernés ne restreignent pas leur engagement et signalent pour beaucoup agir en tant que bénévoles. Ceci explique que les relations conflictuelles entre bénévoles/militants et professionnels, bien qu'elles existent, ne sont pas aussi fortes qu'on le pense souvent. Le professionnalisme est en ce sens un complément susceptible de rendre le bénévolat plus acteur et mieux actif. Il y a ici aussi plutôt complémentarité que substitution[15] et la source de promotion d'élites intermédiaires à travers les projets d'animation n'est pas prête de se tarir si cet échange peut se maintenir.

L'opposition est en partie dépassée, tout au moins si l'on distingue l'adhérent de base (parfois appelé « l'usager ») du dirigeant qui participe de façon active à la conduite politique du projet associatif, avec toutes les strates intermédiaires d'engagement volontaire. Certains responsables sont de plus en plus qualifiés eux-mêmes et leur coopération avec les professionnels peut devenir stimulante, par la diversité des apports et des connaissances des uns et des autres[16]. Il reste vrai que le premier participe librement au collectif que représente l'association et qu'il n'est pas dépendant financièrement de celle-ci, alors que le second vit, en tant que salarié, un lien de subordination avec l'association. Le premier souhaite réaliser un projet social dans une structure collective porteuse d'échanges et

---

[15] CHOPART, J.-N., « Produire les solidarités : la part des associations », MIRE-INFO, n° 38, juillet 1997.

[16] RAMAGE, A., « Bénévoles et salariés. Pratiques et problèmes », Economie et Humanisme, n° 332, mars 1995.

de reconnaissance sociale ; le second est concomitant du passage du service quasi gratuit (par l'adhésion) au service payant (par les prestations de service) pour des personnes qui estiment devoir acquérir l'objet social proposé : le système de sélection des professionnels va peu à peu s'imposer, afin que le processus de qualification renforce notamment la position de l'employeur associatif.

L'emploi et l'activité associatifs

Les difficultés statistiques concernant ce type d'emploi restent présentes tout autant que pour le comptage du bénévolat. Pour autant, on peut évaluer les emplois générés par le secteur sans but lucratif à environ 800 000 équivalents temps plein en 1990, 850 000 en 1996[17]. Les associations du champ social représenteraient dans cet ensemble 45 % du total, celles de l'éducation 12,3 %, celles de la santé 11 %, celles de la culture, du loisir et du sport 5,5 %.

Tandis que depuis 1981 la plupart des filières de production perdent des emplois, le secteur associatif augmente de 40 %, avec un taux de croissance moyen annuel de près de 3,5 %. Une création d'emploi sur 7 se réalise en son

---

[17] Sources sur l'emploi dans le secteur associatif :
- SALOMON, L., ANHEIER, H., *The Emerging Sector : The Non-Profit Sector in Comparative Perspective ; an Overview*, Institute of Policy Studies, The Johns Hopkins University, Baltimore, 1994.
- COURTOIS, J., *Les associations, un monde méconnu*, Crédit coopératif, Paris, 1991.
- SUE, R., *La richesse des hommes. Vers l'économie quaternaire*, Odile Jacob, Paris, 1997.
- JEAN, O., RORTAIS, C., « L'emploi départemental et sectoriel », *INSEE - Résultats*, n° 542-543, mai 1997.
- INSEE, « Enquête sur l'Emploi de 1997 », *INSEE-Résultats*, n° 567-568, septembre 1997.
- « L'association, le bénévole et l'emploi », Document de l'INJEP, n° 34, CNVA/INJEP, p. 11-19, 1998, .
- ARCHAMBAULT, E. « The non profit sector in France », partie française de l'étude John Hopkins University, Manchester University Press, 1995.
- KAMINSKI, P., « Économie sociale et emploi : le renouveau du dispositif statistique français », *Revue des études coopératives, mutualistes et associatives*, n° 269, 3ᵉ trimestre 1998 (juillet), p. 16-31.

sein et il compte autant de salariés que celui du bâtiment et des travaux publics.

Une grande disparité traverse cependant cet ensemble puisque 80 % des emplois concernent seulement 20 000 associations. Plus de 62 % des associations auraient un budget qui ne dépasse pas 50 000 francs, ce qui exclut l'utilisation d'un salarié à temps plein alors que 6 % des associations disposent d'un budget de plus d'un million de francs. Moins de 4 000 associations regroupent la moitié des effectifs et 40 % d'entre elles n'auraient aucun salarié. Les associations employeurs représentent 85 % du budget total du secteur associatif et 93 % du financement public.

On est donc en présence d'un secteur hétéroclite du point de vue du marché de l'emploi, en expansion continue certes malgré la crise, mais avec de la précarité compte tenu des temps partiels et des emplois aidés sous leur forme successive. Comme pour le reste de la société, les différentes formes de précarité se développent dans un contexte associatif restant largement créateur d'emplois et où l'opposition entre bénévolat et emploi demeure plus idéologique que réelle : les deux se confortent mutuellement[1].

Est-il possible de repérer dans cet ensemble la part spécifique de l'emploi dans le secteur de l'animation professionnelle ?

L'emploi dans le champ de l'animation

Une des questions qui se posent pour tenter une telle comptabilisation est de définir les activités du champ qui doivent être retenues et la typologie des métiers qui peuvent y être repérés. Outre les difficultés connues de toute méthode quantitative, d'autres obstacles spécifiques à l'animation sont à signaler. Par exemple la référence à la convention collective de l'animation socio-culturelle ne couvre pas la totalité des animateurs professionnels : certains sont référencés à d'autres conventions. Des animateurs qualifiés peuvent être désignés comme « éducateurs » sur leur bulletin de salaire. Les titulaires d'un brevet d'État d'éducateur sportif sont dans une frontière floue entre animation et éducation, etc.

La prétention à retenir le terme d'animation professionnelle est donc à expliquer ici. On parle souvent encore d'animateurs socio-éducatifs, socio-culturels, sociaux, sportifs, de formation, d'insertion ou culturels. Mais comment qualifier un animateur professionnel qui, à travers une activité sportive, cherche à produire une insertion sociale ? Et celui qui valorise le développement local de son territoire à travers une activité culturelle liée au patrimoine ? Où classer l'animateur qui centre sa pratique artistique avec des handicapés mentaux ? L'animateur qui exerce son activité autour d'un atelier d'écriture avec des rapeurs est-il dans le socio-éducatif ou le culturel ? Il est possible de multiplier à l'infini de tels paradoxes.

En réalité, aucune appellation, autre que celle d'animateur professionnel, quel que soit le champ, le secteur, le public, l'activité, la pratique ou la technique utilisée, ne paraît pertinente. Toutes les autres sont des appellations non contrôlées, plus liées à un héritage historique ou à des découpages ministériels et administratifs : le Ministère de la Jeunesse et des Sports valorise plutôt l'animateur socio-éducatif, celui de la Solidarité l'animateur social, celui de l'Éducation Nationale l'animateur socioculturel, même si chacune n'est pas exclusive parfois de toutes les autres (la meilleure preuve de cet éclectisme est que les IUT Carrières Sociales, depuis août 1997, délivrent le diplôme universitaire de technologie, option animation sociale et socioculturelle). Les situations concrètes sont autrement plus complexes, car beaucoup d'activités font référence à des objectifs multiples, entrecroisés, transversaux. Elles concernent souvent un travail social, culturel et éducatif à la fois, sans parler de l'économique et du politique[18].

---

[18] Direction Régionale et Départementale de la Jeunesse et des Sports de Paris-Île-de-France, *Les emplois de l'animation en Île-de-France. Étude prospective régionale 95-97*, Paris, La Documentation Française, 1997.

Voilà une des nombreuses raisons qui rendent le défrichage quantitatif difficile, sans oublier les aspects théoriques que le terme de profession implique pour définir les animateurs salariés. Disons déjà qu'il paraît certain que centrer l'animation sur le seul secteur du loisir ou du temps libre ne correspond plus à l'actualité. La définition officielle a été donnée en 1978 par le Répertoire français des emplois : « *L'animateur conçoit, organise et encadre des activités d'animation ou de développement social pour répondre aux besoins d'un groupe ou d'une institution dans le cadre d'un projet défini par le partenaire employeur* ». Elle demande à être retravaillée en 1999 et sera l'objet du dernier chapitre.

Mais d'abord, qu'en est-il des chiffres ? Ils montrent une évolution particulièrement positive de l'emploi sous la pression du développement des activités de loisirs et des opportunités offertes par les politiques publiques (dans les secteurs de la jeunesse – insertion, formation, prévention – ; de la ville – lutte contre l'exclusion, pratiques culturelles et sportives – ; du soutien scolaire et de l'aménagement des rythmes à l'école ; des personnes âgées, etc.).

En 1980, l'INSEE propose le nombre de 25 000 animateurs salariés permanents et pour 1982, l'UNEDIC donne le chiffre de 271 116 salariés dans la branche socioprofessionnelle de l'animation (secteur privé et tous emplois confondus, de la secrétaire au gardien de nuit dans une auberge de jeunesse). La même année l'INSEE pour sa part établit le total des animateurs socio-culturels en France à 33 700 repris par le rapport Davaine[19]. Une évaluation de l'Observatoire des professions de l'animation avance le chiffre de plus de 50 000 animateurs en 1985 et estime à plus de 300 000 le nombre de salariés dans le secteur de l'animation[20].

---

[19] INSEE, « Recensement de la population 1982 », 1/20ᵉ, vol. D-100, tableau 06.
[20] Secrétariat d'Etat auprès du Premier Ministre chargé de la Jeunesse et des Sports, O.P.A., « *Les professionnels de l'animation* », rapport d'enquête, tome 1, Paris, La Documentation française, 1987.

En 1991, le Ministère de la Jeunesse et des Sports[21] donne d'autres renseignements sur la base de données de 1988 :

Associations	
Volume d'employeurs associatifs dans le secteur de l'animation	26 000 à 28 000
Volume d'emplois dans les associations du secteur de l'animation	330 000 environ dont 58 % occasionnels et saisonniers
Volume d'emplois d'animation	de l'ordre de 220 000 soit 70 % dont : . permanents 80 000 à 90 000 . occasionnels et saisonniers 130 000 à 140 000
Emplois administratifs	30 000 environ (10 %)
Emplois techniques	80 000 environ (20 %)
Collectivités territoriales	
Volume d'emplois dans les collectivités territoriales	78 121 au 31/12/88 selon l'INSEE soit 6,79 % de la fonction publique territoriale dont : . 57 % de titulaires et . 43 % de non-titulaires

---

[21] Ministère de la Jeunesse et des Sports et Observatoire des Professions de l'Animation, *L'emploi dans la branche professionnelle de l'Animation socio-culturelle au 31.12.90*, Paris, 1991.

Une répartition des employeurs est proposée selon les secteurs avec évolution de 1986 à 1988 :
- Associations de développement de la vie sociale d'un secteur géographique : de 39 à 28 %
- Associations sociales : de 23 à 13 %
- Associations culturelles : de 14 à 13 %
- Associations diverses : de 9 à 17 %
- Associations de vacances : de 9 à 10 %
- Associations sportives et de plein air : de 6 à 21 %

On apprend aussi que seulement 27 % des animateurs salariés ont un diplôme professionnel : ce sont encore les qualités personnelles et l'expérience professionnelle qui sont privilégiées par les employeurs (tout au moins l'affirment-ils).

Du côté du Ministère des Affaires Sociales, le SESI (Service des Statistiques, des Études et des Systèmes d'Information) publie régulièrement des données sur les travailleurs sociaux. Mais peut-on assimiler les animateurs au champ du travail social ? Fort de la classification INSEE qui place dès 1982 les animateurs socio-culturels et de loisirs dans la catégorie socioprofessionnelle des « professions intermédiaires de la santé et du travail social », le Ministère des Affaires Sociales se sent légitimé à procéder de la sorte. On sait que cette question est largement en débat : certains animateurs (quel que soit le lieu d'origine de leur formation) affirment leur appartenance au travail social. D'autres la refusent. Valorisation aux yeux des uns, dévalorisation aux yeux des autres ? Il est peut-être possible de les rassembler de la façon suivante : si le travail social signifie essentiellement un travail de réparation, une intervention plutôt centrée sur le manque (d'argent, de soins, d'amour, etc.), alors les animateurs ne peuvent dans leur très grande majorité être assimilés à des travailleurs sociaux. Mais si, par contre, le travail social signifie une intervention qui prend en compte la socialité au quotidien, c'est-à-dire le fait de vivre en société, d'y échanger, d'entrer en relation avec les autres ou que les autres puissent échanger entre eux (individus et groupes de population) dans une perspective de production de liance sociale, par la créativité, l'expression, la communication, l'information, l'éducation ou la formation, alors les animateurs font partie du travail social avec tous les autres (l'assistant de service social, la conseillère en économie sociale et familiale, l'éducateur, etc.).

Le Ministère des Affaires Sociales propose le chiffre de 23 161 emplois d'animateurs socio-culturels dans les établissements sanitaires et sociaux qui relèvent de sa compétence au 1er janvier 1994 et 31 039 au 1er janvier 1996[22] (il s'agit du nombre d'emplois, une personne pouvant occuper deux emplois à temps partiel dans des établissements différents).

Le Centre Inffo[23] souligne la difficulté de comptabiliser les actifs dans le champ des loisirs qui à la fois ne cesse de s'étendre et de précariser aussi les contrats de travail mais estime que le nombre d'emplois dans l'animation a été multiplié par deux en vingt ans avec près de 300 000 personnes travaillant dans le secteur, dont 70 % dans des établissements de moins de cinq salariés et 85 % dans des établissements de moins de 10 salariés. La moitié des animateurs serait dans le secteur associatif, l'autre moitié se partageant à égalité les collectivités territoriales et les entreprises à but commercial.

Une étude récente sur les emplois d'animateurs[24] en Île-de-France indique que dans le champ de l'animation au sens le plus large du terme (secteur privé), l'UNEDIC a annoncé le doublement des effectifs salariés entre 1980 et 1993 pour l'ensemble de la France : entre 1993 et 1996, on passe de 693 381 salariés à 777 631, soit une augmentation de 11,2 %. Mais cette augmentation ne doit pas cacher le fait qu'on peut évaluer dans le secteur l'existence d'un poste permanent pour un poste précaire (occasionnel, saisonnier, vacataire, temps partiel).

---

[22] SESI, « Le difficile décompte des travailleurs sociaux », *A.S.H.*, n° 2000, 6 décembre 1996 ; « Les travailleurs sociaux ne se laissent pas compter », *A.S.H.* n° 2074, 5 juin 1998.
[23] Centre Inffo., *Les métiers des loisirs*, (2 tomes). Paris, 1997
[24] Voir note 18, p. 106.

Champ de l'étude Dads
Nomenclature des activités françaises
(nouvelle nomenclature APE, dite NAF, en vigueur depuis 1993)[25]

	Effectifs salariés France entière	Total 1993	Total 1996
*552 A	Auberges de jeunesse et refuges	386	779
552 C	Exploitation de terrains de camping	7 558	6 659
*552 E	Autre hébergement touristique	29 129	30 871
552 F	Hébergements collectifs non touristiques	11 394	12 050
853 C	Accueil des adultes handicapés	39 040	45 616
853 D	Accueil des personnes âgées	54 067	70 994
853 E	Autres hébergements sociaux	12 896	15 760
*853 G	Crèches et garderies d'enfants	21 375	23 350
853 H	Aide par le travail, ateliers protégés	61 854	66 380
*853 K	Autres formes d'actions sociales	163 544	177 113
*913 E	Organisations associatives n.c.a	189 226	210 863
*923 D	Gestion de salles de spectacles	20 825	21 880
*925 A	Gestion des bibliothèques	331	434
*925 C	Gestion du patrimoine culturel	5 733	6 559
*925 E	Gestion du patrimoine naturel	473	713
*926 A	Gestion d'installations sportives	14 053	14 026
*926 C	Autres activités sportives	45 281	57 405
*927 C	Autres activités récréatives	16 216	16 179
	TOTAL GÉNÉRAL	693 381	777 631

N.B. - Dans un sens plus restrictif du champ de l'animation correspondant aux rubriques précédées d'une étoile (*), le total de salariés passe de 506 572 à 560 172 entre 1993 et 1996.

---

[25] Voir note 18, p. 106.

Enfin, l'étude publiée en 1998[26] comptabilise plus de 600 000 salariés pour 1996 (seul le secteur de la convention collective de l'A.S.C. est pris en compte ici : ni le tourisme social, ni les F.J.T., ni le champ du travail social classique, ni celui de la formation ne sont pris en compte), avec 70 000 entreprises d'animation.

> **L'ASC en chiffres**
>
> La branche de l'animation socio-culturelle (ASC) regroupe environ 70 000 organismes privés sans but lucratif développant à titre principal des activités d'intérêt social dans les domaines culturel, éducatif, de loisir et de plein air. Ses 600 000 emplois salariés, pour 92 000 équivalents temps plein, sont concentrés dans 11 000 structures. Et 70 000 emplois supplémentaires ont été créés de 1993 à 1996.
> Actualités Sociales Hebdomadaires n° 2100, 1er janvier 1999.

La même enquête fournit les données suivantes concernant le nombre d'animateurs socioculturels et éducateurs sportifs :

	1982	1990	soit
Animateur socioculturel	34 540	52 326	+ 50 %
Éducateur sportif	24 440	39 280	+ 60 %

Sources : Cabinet ITHAQUE[26]

Le total représenterait aujourd'hui environ 120 000 actifs, qui interviennent pour près de la moitié d'entre eux avec un niveau de formation supérieure de type universi-

---

[26] Cabinet ITHAQUE. Contrat d'études prospectives de l'animation socioculturelle. Rapport final. Ministère du Travail et des Affaires sociales. Délégation à l'emploi et à la formation professionnelle. Commission paritaire nationale Emploi-formation de l'ASC (ronéoté), 30 mai 1998.

taire, mais où la qualification en formation professionnelle est faiblement représentée.

Tous ces chiffres sont à prendre avec précaution et la question est tout aussi complexe pour les collectivités territoriales[27] : l'estimation varie entre 11 321 animateurs au sens restreint et 64 417 si on ajoute les agents de tous les cadres d'emplois apparentés de près ou de loin à des emplois d'animation, dans le champ des collectivités territoriales[28].

Si l'on réunit dans une même comptabilisation titulaires et non titulaires, diplômés et non diplômés, secteur public et secteur privé (avec toutes les conventions collectives auxquelles peuvent appartenir les animateurs), tous les champs d'intervention (y compris le champ sportif), on peut évaluer le nombre d'animateurs et d'éducateurs sportifs salariés (quasi permanents) entre 150 000 et 200 000 personnes à ce jour. L'évolution est constante et le développement permanent : il est désormais pertinent d'envisager les conditions de la professionnalisation de ce secteur d'activités.

Les fondements de l'animation professionnelle

L'hypothèse de travail qui fonde cet ouvrage est que la fonction d'animation est en voie de professionnalisation. La profession d'animateur recouvre de multiples métiers et types d'emplois en croissance constante, tant les rôles joués dans l'exercice de la fonction d'animation, tant les employeurs, les publics, les lieux d'intervention, les activités, sont variés et spécifiques[29].

---

[27] KODIO, A., *Les emplois territoriaux hors filières statutaires et ceux de l'animation en particulier*, Paris, CNFPT-Direction de la Formation, 1996

[28] DGCL, *Les collectivités locales en chiffres*, Paris, Édition 95, DGCL. INSEE, « Les effectifs des collectivités territoriales », *INSEE-Résultats*, n° 604, mars 98 (tome 2).

[29] Pour la définition de la professionnalisation, de la notion de compétence et de qualification, cf. GILLET, J.-C., *Formation à l'animation. Agir et Savoir*, Paris, L'Harmattan, 1998.

> **Profils d'emplois de l'animation**
> source : les emplois de l'animation en Île-de-France[30]
>
> - *Assistant-animateur (ou aide-animateur)*
> - *Animateur socioculturel, public jeunes et/ou adultes*
> - *Animateur ou éducateur sportif*
> - *Animateur artistique ou culturel*
> - *Animateur scientifique ou technique*
> - *Animateur enfants*
> - *Animateur-éducateur jeunes enfants*
> - *Animateur-développeur en milieu rural*
> - *Animateur polyvalent en milieu rural*
> - *Animateur-développeur en milieu urbain*
> - *Animateur-éducateur de prévention*
> - *Animateur-éducateur de réinsertion sociale*
> - *Animateur-éducateur de réinsertion professionnelle*
> - *Animateur-éducateur de foyer d'accueil d'urgence*
> - *Animateur-éducateur au sein de résidences pour personnes âgées*
> - *Animateur-éducateur au sein de structures d'accueil de personnes handicapées*
> - *Animateur au sein de services hospitaliers accueillant des enfants*
> - *Animateur-responsable de club de prévention*
> - *Animateur-responsable d'équipement sportif ou socioculturel*

La construction du champ de l'animation et de l'identité professionnelle des animateurs

La question de la définition du terme « professionnalisation » appelle une réponse théorique difficile. C'est souvent le corps médical, dont le prestige est fort auprès du public qui le place au premier rang des métiers, qui a servi de modèle à une réflexion sur la professionnalisation. Le système du travail dans les sociétés modernes est marqué par un changement valorisant le développement et l'importance stratégique des professions, en particulier par l'instauration d'une formation intellectuelle, par la qualification professionnelle

---

[30] Voir note 18, p. 106.

qui en découle, par une institutionnalisation des professions qui offre des garanties à leur place et à leur retentissement social en concurrence parfois avec les détenteurs du pouvoir politique et économique.

La professionnalisation est aussi le phénomène par lequel des pratiques aux contours assez flous se mutent en activités clairement codifiées, des occupations souvent bénévoles deviennent des métiers dont on attend un revenu : ce phénomène dépasse largement les seules professions libérales. Il s'agit d'une évolution positive liée à ce que Max Weber appelle « *la rationalisation des activités humaines* » qui s'accompagne du développement de la bureaucratie.

La société se professionnalise donc parce qu'elle devient une société de production, une société technologique, où chacun est désormais amené à définir son identité sociale dans un monde du travail caractérisé par une division des tâches de plus en plus aiguë. C'est ainsi qu'un statut précis et reconnaissable peut s'acquérir et qu'un accès à une source de pouvoir est possible, découlant de la maîtrise d'une compétence particulière et d'une fonction de spécialiste, de la maîtrise d'informations ou de réseaux de communication, des règles qui régissent l'organisation et des relations de celle-ci avec son environnement.

On peut estimer que la profession d'animateur est encore une profession floue, difficile à circonscrire, mal assise, d'autant plus que le bagage culturel de l'animateur n'est pas toujours évident, alors même que leur fonction sociale est reconnue. Il y a bien pour eux professionnalisation dans la mesure où l'on est passé d'un univers du bénévolat ou du militantisme à celui des activités tout à la fois salariées et soumises à des règles de plus en plus strictes[31]. La professionnalisation de leur fonction intervient donc parfois aux dépens de ceux qui répondaient aux mêmes besoins selon des modalités différentes. Des conflits peu-

---

[31] GUILLAUME, P., (sous la direction de), *La professionnalisation des classes moyennes*, Talence, MSHA, 1996.

vent en découler avec d'autres professions (que l'on songe aux éducateurs spécialisés) et avec d'autres groupes qui avaient traditionnellement la charge des problèmes humains, individuels et collectifs (que l'on pense aux élus, aux bénévoles, aux enseignants et hier au clergé).

Il y a donc un jeu social où chaque groupe se professionnalisant et passant d'un état de non-professionnel à l'état de professionnel cherche à mieux négocier les avantages liés à un statut, désirant, lorsqu'il est nouveau, se rendre indispensable, ce qui entraîne naturellement l'organisation de cette pratique en profession identifiée. Le concept récent de professionnalisation est cette passerelle entre l'informel et l'institutionnel.

Quels sont les critères, sorte de conditions nécessaires, qui peuvent caractériser la notion de profession pour la distinguer du seul exercice du métier ou de la fonction ? Plusieurs modèles théoriques permettent d'identifier une profession[32]. Le modèle industriel d'abord reposant sur le couple qualification/classification, avec un patrimoine de savoirs, de savoir-faire et savoir-être, mobilisés par le salarié dans son activité concrète. Il semble inapproprié pour l'animation tant elle exige de polyvalence et d'approche globale d'un groupe ou d'une situation. Puis vient le modèle fonctionnaliste, fondé sur l'étude des professions médicales ou libérales : il est constitué d'un certain nombre de caractéristiques intrinsèques d'une profession telles la définition d'un champ, de lieux d'exercice et d'activité, l'existence d'un système d'expertise et de référence à des valeurs et à des règles, la reconnaissance par l'environnement (l'État et le marché, par exemple), le contrôle du système par les professionnels eux-mêmes.

Une autre distinction se superpose à ces deux modèles : le premier sera qualifié d'« objectiviste », d'« essentialiste »

---

[32] ABALLEA, F., « Professionnalité et déprofessionnalisation en travail social », *Recherche sociale*, n° 137, janvier/mars 1996.
Voir aussi ABALLEA, F., BENJAMIN, I., « Évolution de la profession des architectes », *Recherche Sociale*, n° 113, mars 1990.

ou de « substantialiste » ; le second de « subjectiviste », d'« interactionniste » ou de « relativiste ». En ce dernier cas, la qualification reconnue n'est que le résultat d'un processus d'action sociale permettant une légitimation construite par un groupe de professionnels. Celui-ci, à partir d'une stratégie conquérante, affirme à un moment de l'histoire la mise en œuvre d'une expertise en situation dominante, voire monopolistique.

Appliquer à la lettre ces modèles élaborés pour des professions libérales et industrielles est insuffisant pour évaluer la professionnalisation de l'animation. En héritage, un discours réitératif évoque la dévalorisation de l'image de l'animation, sa perte de crédibilité, son inefficacité, sa dissolution, la fragilité de ses savoirs et des techniques professionnelles[33], les effets pervers de stigmatisation qu'elle provoque parfois, sans objectifs clairs, ni résultats évaluables, la prolifération des statuts précaires, sa bureaucratisation et son contrôle politique par la municipalisation : le diagnostic est impitoyable. Il s'accompagne de l'affirmation de la montée en régime de « nouveaux » métiers, autour des politiques de la ville et de l'insertion. Ces professionnels, loin du romantisme des animateurs, produiraient la société au lieu de la dénoncer, restaureraient un modèle d'intégration plutôt que de défendre des victimes du système[34].

On retrouve ici les échos mélangés des positions du numéro d'*Esprit* d'avril 1972 sur le thème du contrôle social à dénoncer comme pratique malfaisante (même si elle est inconsciente) exercée par les travailleurs sociaux sur les a-normaux rejetés par le système dominant, curieusement associés à des positions plus modernistes et entrepreneuriales, soucieuses de rationaliser les coûts en rapport avec une stricte mesure de résultats évaluables, surtout lorsqu'il

---

[33] ION, J., TRICART, J.-P., *Les travailleurs sociaux*, Coll. Repères, La Découverte, 1998.
[34] Revue *Esprit*, « À quoi sert le travail social ? Chômage, précarité, insertion : la nouvelle donne. Anciennes professions, nouveaux métiers. De la tutelle à la médiation », n° 3-4, mars-avril 1998.

s'agit de pratiques liées à la relation avec l'autre (individus, groupes ou institutions). La réalité semble différente : pour ne prendre que le secteur de l'insertion, dès la fin des années soixante-dix, des éducateurs spécialisés ont été, par exemple, à l'initiative des premières entreprises d'insertion. Il en est de même pour les animateurs dans la prévention par le loisir. Sur la base des recherches menées dans le cadre d'un programme de la MIRE, les conclusions concernant les métiers de la ville ont été publiées, indiquant qu'il n'y a pas une invasion massive de professionnels nouveaux dans le champ du travail social. On trouve très peu d'intervenants en dehors des diplômés traditionnels du secteur. Les nouveaux postes liés aux politiques publiques sont souvent occupés par des professionnels du travail social, notamment les animateurs et les conseillères en économie sociale et familiale, concepteurs et managers de ces politiques. Les contenus des métiers et les référentiels sont identiques, même si les conditions d'exercice sont différentes. Il y a donc un procès aboutissant de façon parfois caricaturale à une disqualification de l'ensemble du social, au nom d'une représentation déformée de la réalité[35]. Certes, le travail social, dès ses origines, a été et reste marqué philosophiquement par la notion d'assistance : l'animation, pour sa part, a plutôt été un outil de promotion, de médiation et d'émancipation, ce qui lui permet de mieux tirer son épingle du jeu. Il ne faut pas confondre non plus logique d'emploi et logique professionnelle : un poste, un nouvel emploi ne sont pas forcément un métier (un agent d'ambiance dans le métro est issu d'une fonction bénévole, celle de grand frère, devenue un poste de travail et un nouvel emploi, et non une profession d'emblée reconnue comme telle).

---

[35] CHOPART, J.-N., « Quelques observations générales issues du programme "Observer les emplois et les qualifications de l'intervention sociale" », *MIRE-INFO*, n° 40, décembre 1997, p. 62-65.
Voir aussi l'entretien avec M. Autes dans le numéro d'*Esprit* référencé à la note 34 et le n° 3 des *Cahiers de recherches de la MIRE*, octobre 1998.

La distinction entre emploi et métier appelle logiquement celle entre métier et profession : pour E. Bautier, la notion de métier renvoie à l'individuel, à un savoir-faire homogène et contextualisé, reposant sur l'empirique et la pratique. Les notions de profession et de professionnalité renvoient à plus d'autonomie dans le travail, de polyvalence, d'interface dans une sorte d'élargissement du champ de l'action et une capacité d'expertise qui correspond à un arrangement de savoirs complexes et formalisés. La profession signifie formation liée à une demande d'intellectualisation et de rationalisation qui permet un apprentissage par transmission et non seulement par imitation, imprégnation, apprentissage sur le tas comme c'est le cas du métier[36].

La profession en outre, est liée à l'existence d'un système de références, visible et explicite, à des savoirs, des valeurs et des normes, avec une évaluation et un contrôle des actes professionnels : le tout ayant une fonction de légitimation. Les travailleurs sociaux sont face à un changement de culture professionnelle difficile pour eux, fondé non seulement sur de nouvelles compétences techniques mais sur la construction d'un nouveau système de références professionnelles apte à traiter les questions de fond qui préoccupent la société, c'est-à-dire à prioriser le sujet/citoyen, ayant conscience de son environnement et apte à intervenir sur lui, plutôt que de se centrer sur l'individu unique. Cette démarche de socialisation est, dans le discours tout au moins, le préalable à toute démarche d'éducation et d'insertion.

À partir du cadre ainsi posé, il est possible d'énoncer comme hypothèse que le processus de professionnalisation peut être défini comme la réalisation concrète de différents critères, aboutissant à l'organisation de ce qui ne serait resté, sans la prise en compte de tous ces éléments, qu'une pratique, une activité ou un métier. Quels sont ces critères

---

[36] BAUTIER, E., « Culture professionnelle », *PEPS*, n° 48, oct-déc. 1994.

et quelle évaluation pour chacun en rapport avec le champ de l'animation ?

Les caractéristiques d'une profession et leur traitement dans le groupe professionnel des animateurs

1er critère : la délimitation d'un objet, c'est-à-dire la définition d'un champ à travailler dans des conditions socio-historiques données, avec des lieux d'exercice identifiés et une activité suffisamment définie dans ses limites.

Ni cet objet, ni ces lieux ne sont clairement repérés, même pas par les intéressés eux-mêmes. D'abord il n'y a pas d'accord sur la définition de l'objet « animation » : s'agit-il d'un système d'orthopédie, de contrôle, de régulation ou de promotion sociale, d'un système de démocratisation, de démocratie culturelle ou d'action socioculturelle, d'une pédagogie de la créativité, d'un courant idéologique permettant l'affirmation du groupe des classes moyennes ? Ou bien, d'une réponse à l'enjeu principal constitué autour de la crise du lien ? Ou bien s'agit-il enfin de tout cela à la fois, avec les risques de brouillage que cela implique.

Quant aux lieux d'exercice, ils sont multiples et variés : il existe des lieux traditionnels comme les équipements pris en charge par les mouvements d'éducation populaire et les collectivités locales, et des lieux plus récents comme ceux de l'insertion et de la formation ; mais aussi ceux des loisirs et du sport, du tourisme et de l'écologie, du développement local et social, de la maison de retraite et du handicap, du comité d'entreprise ou de l'accueil de réfugiés ; enfin aujourd'hui le secteur de l'humanitaire et des secours d'urgence aux S.D.F.

Cette extension continue d'un objet de travail, dont les contours sont peu cadrés, contribue mal à une définition connue et accréditée de la fonction d'animation professionnelle. Il y a là un premier élément d'affaiblissement. À l'inverse, on peut reconnaître que les animateurs ne sont pas des enseignants, même s'ils proposent différents apprentissages que le système scolaire réalise peu ou mal (éveil culturel, activités péri-scolaires) ; ils ne se confondent pas, de façon générale, avec d'autres travailleurs sociaux, leur culture étant fondée plus sur la recherche de la promotion des individus que sur celle de la réparation ; ils ne sont pas assimilables à des militants, même si l'héritage des valeurs de l'éducation populaire est encore visible ; on ne peut les comparer à des artistes, même s'ils utilisent des outils qui viennent de ce champ ; ils ne sont pas réductibles enfin à des managers ou à des entrepreneurs, mêmes s'ils s'approprient des techniques issues de ces démarches. Mais un ensemble de définitions par la négative ne constitue pas réellement une avancée décisive dans la construction de l'identité professionnelle. À l'opposé, il faut considérer comme un avantage pour les animateurs l'accroissement du secteur des services dans nos sociétés développées : il entraîne un bouleversement dans les repères habituels et les différents postes de travail émergents depuis une vingtaine d'années sont loin d'être stabilisés. En ce sens les professionnels de l'animation peuvent dans certaines conditions devenir des créateurs et défricheurs de secteurs et de catégories d'activités et de pratiques, dans les espaces situés entre état et société civile, secteur marchand et non marchand, éducation populaire, action culturelle et économie sociale. L'animation se construirait alors comme un système d'action intermédiaire, produisant des médiations entre ces différents espaces.

2e critère : L'existence d'un système d'expertise, c'est-à-dire, pour les animateurs professionnels, d'un ensemble de savoirs et de connaissances à la fois théoriques, techniques, méthodologiques, d'une compétence, de savoir-faire spécifiques, de qualités particulières.

Dans le champ de l'animation on ne peut dire que cela soit vraiment le cas : les savoirs sont largement empruntés aux sciences humaines et sociales, c'est-à-dire à des disciplines scientifiques qui préexistent à l'apparition de l'animation. Les méthodologies de recherche et d'action, autour par exemple des notions de problématique ou de projet, ne sont pas la propriété des seuls professionnels concernés.

Le fait qu'il n'existe pas en France de discipline s'intitulant « animation » dans la communauté universitaire est peut-être dommageable pour l'existence d'un système d'expertise réellement construit. Pourquoi pas une section sciences de l'animation et du travail social, après les sciences de l'éducation et les sciences de la communication, valorisant à la fois des qualifications formelles et recensées et des qualifications informelles, liées à l'histoire personnelle, aux engagements sociaux et culturels, aux pratiques d'auto-formation ? Il existe bien sûr les IUT (dont les départements carrières sociales, option animation sociale et socioculturelle), mais la formation dispensée ne dépasse pas le cadre d'un premier cycle et le temps de pratique reste très limité. Les années qui viennent devraient offrir aux IUT l'opportunité de dépasser ce premier cycle par une licence professionnelle : mais cela sera-t-il déterminant ?

C'est d'ailleurs la raison pour laquelle certains IUT ou universités dispensent déjà, dans le cadre de la formation continue, des formations diplômantes à l'animation de niveau licence et maîtrise, permettant à des professionnels d'accéder à des D.E.A. ou à des D.E.S.S., comme c'est le cas à l'I.S.I.A.T. (Institut Supérieur d'Ingénieurs-Animateurs Territoriaux) de l'I.U.T. de Bordeaux : c'est aussi dans cet espace institutionnel qu'est mis en œuvre le D.E.D.P.A.D. en collaboration avec le C.R.A.J.E.P. et la D.R.D.J.S. d'Aquitaine. Il y a là une forme de collaboration (université - éducation populaire - jeunesse et sports) qui serait à travailler au plan national.

Mais un cadre de formation reconnu ne suffit pas. Il faut encore, si l'on admet l'existence de savoirs particuliers aux animateurs professionnels, que ces savoirs soient transmissibles et contrôlables par la communauté scientifique. C'est ici que s'inscrit la construction de l'**intelligence stratégique** des animateurs, c'est-à-dire une compétence à lire entre les lignes, à démêler l'écheveau de la complexité des situations dans lesquelles ils agissent (cf. chapitre 4) : il peut s'agir de véritables savoirs théoriques issus de l'action. Mais plusieurs conditions sont nécessaires à leur existence : une formation bien sûr, permettant d'accompagner le processus ; une expérience, c'est-à-dire un temps suffisant consacré à ce type d'activités ; une capacité d'énonciation et de formalisation de ces savoirs, offrant aux professionnels concernés un travail de prise de conscience, d'explicitation et de mise en mots, manifestant de la part de celui qui les produit la recherche de nouvelles représentations inédites à propos des situations dans lesquelles il est engagé[37]. Cette hypothèse du caractère opérant d'un tel processus fonde un des axes de travail de la recherche menée par l'Observatoire des mémoires professionnels d'animateurs, dépendant de l'INJEP, en collaboration avec l'unité de recherche « Langage et travail » du CNRS.

La difficulté des animateurs professionnels, en formation ou non, à produire des travaux écrits de recherche, est telle qu'on est encore loin du compte en quantité et en qualité : l'effort est à poursuivre en ce domaine.

3ᵉ critère : L'existence d'un système de référence à des valeurs (une éthique) et à une déontologie (un ensemble de règles professionnelles)

Pour ce qui concerne les deux codes réglant l'exercice de l'activité professionnelle et produisant des normes spécifiques à son sujet, on peut raisonnablement affirmer que ce domaine est à défricher totalement. Certes, dans la phase de transition de l'éducation populaire à l'animation socioculturelle, un certain nombre de valeurs ont été affirmées et le sont encore largement aujourd'hui : les thèmes de la laïcité, de plus de justice sociale ou éducative, d'accès le plus large possible à la culture, l'exigence d'une plus forte citoyenneté participative sont entendus et écrits ici et là. Mais on ne peut pas vraiment dire qu'il y ait dans tous

---

[37] Voir note 29, p. 113.

les lieux d'exercice de la profession un système de référence formalisé qui rassemble les animateurs : qu'y a-t-il de réellement commun aujourd'hui entre l'animateur des C.E.M.E.A. ou des Francas et celui d'une maison de retraite du groupe multinational ACCOR, entre le champ associatif et le champ lucratif ? Pas grand-chose : aucune charte ne les rassemble sur le plan de l'affirmation concrète d'une éthique professionnelle.

Quant au code déontologique, rien n'a encore été collectivement travaillé, élaboré, produit, qui définisse une régulation régissant les rapports sociaux individuels et collectifs dans la relation à l'autre pour l'exercice de la profession. Par exemple, les animateurs peuvent-ils s'abstenir d'une position affirmée autour de la question des liens difficiles entre le secret professionnel et la dénonciation de crimes et de délits qu'ils auraient à connaître (viol, inceste, consommation de produits interdits, trafics divers, etc.) ? Être éventuellement dénoncés comme les alliés d'une société policière constituerait-il une raison suffisante à un évitement impossible ?

4ᵉ critère : La reconnaissance de la profession

Cette reconnaissance d'une identité spécifique par la société et par les autres professions existantes est en partie fonction de la réalisation ou non des trois critères précédents. Elle relève donc à la fois d'un processus de socialisation et d'un processus d'interaction : c'est souvent un mouvement conflictuel entre la position que veut occuper ce nouveau groupe, affirmant sa légitimité, et la place que la société veut lui assigner dans l'échelle plus ou moins prestigieuse que cette même société exprime à partir des normes et des valeurs qui sont les siennes[38].

Ce processus conflictuel peut aboutir, dans une phase d'instabilité ultime, jusqu'à la disparition du corps de professionnels (exemple historique des colporteurs qui ont disparu au début du XXᵉ siècle). Aujourd'hui, les instances

---

[38] Voir note 32, p. 116.

de légitimation et de reconnaissance de la profession sont essentiellement les pouvoirs publics et le marché.

* Les pouvoirs publics

Suite à la demande et à la pression exercée par les professionnels et les employeurs dans les trente dernières années, plusieurs diplômes ont été créés. Aujourd'hui, le dispositif de formation est constitué :

- du D.U.T. Animation sociale et socioculturelle pour ce qui concerne l'Éducation nationale, donnant équivalence des 5 unités de formation de base du D.E.F.A., ainsi que le stage pratique,

- du D.E.F.A. dépendant des ministères de la Jeunesse et des Sports et des Affaires Sociales, qui le reconnaissent pour leur part à un niveau Bac + 2, mais sans que ceci soit validé automatiquement à ce niveau par les universités. Il en est de même pour le D.U.T. animation qui n'a pas forcément une équivalence automatique avec un D.E.U.G.

- du dispositif interne au seul Ministère de la Jeunesse et des Sports (B.A.P.A.A.T, B.E.A.T.E.P., D.E.D.P.A.D., sans oublier le D.E.F.A. déjà signalé). Une des caractéristiques dommageables de celui-ci (outre son coût financier) est qu'il est resté systématiquement fermé à un système de capitalisation d'unités de valeurs ou d'acquis qui permettraient aux candidats de ne pas être obligés à chaque formation de recommencer l'ensemble du cursus : le dispositif semble vouloir évoluer aujourd'hui vers plus de souplesse.

Les transformations annoncées en 1998 par le Ministère de la Jeunesse et des Sports vers plus de souplesse et de passerelles entre les différents diplômes seront assurément les bienvenues.

De plus, la distinction entre spécialiste d'une technique ou d'un public qui préside aux destinées du B.E.A.T.E.P. et généraliste d'une politique d'animation qui circonscrit la définition du D.E.F.A. est-elle concrètement respectée dans les formations ou dans les offres d'emploi sur le terrain ? On constate des glissements dans bien des secteurs qui révèlent des logiques d'intérêt compréhensibles pour les employeurs, mais peu claires quant aux bénéfices que les professionnels peuvent en tirer.[39]

Une clarification semble être introduite sur ce sujet dans les propositions de rénovation de l'architecture des formations et des diplômes du ministère de la Jeunesse et des Sports. Mais si cela devait se faire au détriment du D.E.F.A. de niveau III et au profit du B.E.A.T.E.P. de niveau IV, ce dernier constituant désormais « le socle de l'édifice », on voit assurément le bénéfice que peuvent en tirer les employeurs. Par contre, la complexité des enjeux présents sur les territoires de l'animation appelle à l'inverse plus un renforcement de la position actuelle du D.E.F.A. que son délitement, quitte à rationaliser plus encore son organisation.

Enfin, en dehors du D.E.F.A., quelle sera la reconnaissance de ces diplômes dans d'autres lieux que ceux qui sont traditionnellement sous la dépendance des financements ou des agréments du Ministère de la Jeunesse et des Sports, comme cela est le cas des B.E.E.S ?

- Il faut aussi souligner que les décisions récentes permettant aux titulaires du D.E.F.A. et à des professionnels confirmés de se présenter aux concours d'attaché de la fonction publique territoriale et ce jusqu'au 31 décembre 2003, en attendant l'homologation définitive du diplôme, est une avancée relativement décisive dans la reconnaissance des animateurs à un niveau hiérarchique d'encadrement, après l'inscription des diplômes (B.A.P.A.A.T. et B.E.A.T.E.P.) pour les concours spécifiques des cadres C et B : encore sera-t-il nécessaire que le nombre de postes de responsables offerts régulièrement aux concours soit significatif pour concrétiser cette ouverture. Les maires ont donc l'occasion de démontrer leur volonté de ne pas seulement instrumentaliser les animateurs techniciens, mais aussi d'accorder une place légitime à des animateurs aux compétences d'ingénierie sociale et culturelle. Il faudra en même temps aux animateurs prouver leur capacité à maîtriser

---

[39] AKIN, S., DOUARD, O., « Qui sont les animateurs ? », *Bilan et perspective*, 1991, Coll. Dyalang, p. 205-221.

les processus administratifs internes aux collectivités locales et à comprendre les contraintes qui leur sont imposées. N'oublions pas non plus que la taille des collectivités locales risque d'imposer aux animateurs de cadre A de s'occuper tant du sport que de la jeunesse : consentiront-ils à cette démarche ?

Même si le mouvement général va dans un sens plutôt favorable à la précision du statut, il n'en reste pas moins que le système diplômant actuel est insuffisamment cohérent et ne facilite pas une lisibilité des formations à l'animation et des diplômes qui y sont attachés, sans oublier dans le reformatage indispensable les liens nécessaires à la fois entre les différents niveaux de diplômes et entre les diplômes des ministères de la Jeunesse et des Sports, de l'Éducation nationale, de la Culture et des Affaires sociales. Il faut ajouter aussi la question de la place du B.A.F.A. et du B.A.F.D. qui devaient rester plus proches d'une activité rémunérée que d'une professionnalité salariée, ce qui n'est pas toujours vrai dans la réalité du marché.

Comme le précise l'enquête de la D.R.J.S. Île-de-France, *« le processus de professionnalisation de l'animation continue toujours de s'initier à partir d'une pratique bénévole où est acquise une première légitimité sous le contrôle des aînés et désormais des professionnels »*[40]. Mais dans la période récente, les quelques 40 000 B.A.F.A. attribués en moyenne chaque année et parfois plus parasitent une claire visibilité de l'animation professionnelle. Le très faible nombre de titulaires dans le secteur de l'animation des collectivités territoriales résulte de ce phénomène, lié par exemple aux activités des C.L.S.H. La situation paraît plus cohérente dans le champ de l'animation sportive avec les B.E.E.S. et les filières universitaires S.T.A.P.S. : à l'inverse, on peut s'interroger sur une éventuelle cohabitation future entre diplômes de l'animation socio-culturelle et de l'animation sportive qui semble relever plus d'une logique administrative d'un ministère de tutelle que d'un réel projet d'harmonisation pédagogique.

---

[40] Voir note 18, p. 106.

Les diplômes professionnels délivrés par le ministère de la jeunesse et des sports	Une nouvelle architecture
• Secteur sportif BEES : le Brevet d'État d'éducateur sportif atteste de l'aptitude et de la qualification à enseigner contre rémunération une discipline sportive. Il comporte trois degrés correspondant chacun à un niveau de qualification professionnelle : le premier degré (niveau Bac) sanctionne la qualification exigée pour l'animation et l'initiation sportive ; le deuxième degré (niveau Bac+3) atteste une compétence reconnue en matière de perfectionnement des pratiquants et de formation des cadres ; le troisième degré atteste la qualification nécessaire pour l'expertise et la recherche. • Secteur de l'animation socioculturelle BAPAAT : le Brevet d'aptitude professionnelle d'assistant animateur technicien est un diplôme de niveau CAP-BEP, qui atteste une qualification professionnelle pour l'encadrement, l'animation et l'accompagnement des activités physiques et sportives, et des activités socioculturelles. BEATEP : le Brevet d'État d'animateur technicien de l'éducation populaire sanctionne la maîtrise et la capacité à développer, dans le cadre d'une pratique professionnelle de l'animation, une des trois spécialités suivantes : activités sociales et vie locale, activités culturelles et d'expression, ou activités scientifiques et techniques. C'est un diplôme d'État de niveau Bac. DEFA : le Diplôme d'État relatif aux fonctions d'animation sanctionne la formation d'animateur professionnel dans le domaine des activités de jeunesse et d'éducation populaire, mais également dans le domaine social. C'est un diplôme de niveau Bac+2. DE-DPAD : de niveau Bac+3, le Diplôme d'État de directeur de projet d'animation et de développement atteste d'une qualification professionnelle pour la conception, la mise en œuvre et la gestion de politiques d'animation et de développement, conduites avec ou à partir de structures sportives, sociales et culturelles.	• Au niveau V (le moins élevé), deux types de formation pourraient être envisagés. La première, qui se substituerait au brevet d'aptitude professionnelle d'assistant animateur technicien, consisterait en un parcours de qualification conduisant directement à une activité professionnelle. La seconde, en revanche, serait une formation *« préalable »* entièrement nouvelle, basée sur l'acquisition de prérequis. • Un cran au-dessus, le niveau IV devrait constituer *« le socle de l'édifice »*, le métier dit *« de référence »* étant celui d'animateur ou d'éducateur sportif *« encadrant une activité en pleine autonomie »*. • Au niveau III, on trouverait trois diplômes sanctionnant différentes compétences : le management et la gestion (sur la base de l'actuel diplôme d'État relatif aux fonctions d'animation), la maîtrise d'une technique élaborée et l'intervention auprès d'un public particulier (jeunes enfants, handicapés, etc.). • Enfin, au niveau II, on trouverait un diplôme axé essentiellement sur la conduite de projets complexes (proche de l'actuel diplôme d'État de directeur de projet d'animation et de développement) et un diplôme pour les entraîneurs sportifs de haut niveau. *Actualités Sociales Hebdomadaires n° 2100, 1er janvier 1999.* • On peut ajouter à cet ensemble un projet de diplôme de niveau 1. Une étude de faisabilité a été notamment commanditée par le Ministère à l'INJEP.

Pour conclure, la validation des acquis professionnels et l'apparition des certificats de qualification professionnelle (C.Q.P.), négociés à travers les conventions collectives, directement entre syndicats patronaux et syndicats de salariés introduit une nouvelle donne, qui n'est d'ailleurs pas spécifique au champ de l'animation. C'est la place de toutes les formations et diplômes qualifiants qui est désormais interrogée dans tous les secteurs. Le phénomène est peut-être plus sensible dans le secteur de l'animation où, hors le champ des diplômés sportifs (aux environs de 20 000 à ce jour), le nombre de diplômés professionnels dans le champ de l'animation reste très faible. En ajoutant, les diplômes récents aux plus anciens, on doit arriver à un total d'environ 20 000 diplômés tous niveaux confondus, chiffre très faible par rapport au nombre de professionnels en exercice, d'autant plus que de nombreux diplômés ne sont pas inscrits forcément dans des métiers de l'animation. Il est vrai en même temps que beaucoup de professionnels possèdent des diplômes universitaires non professionnels. Au final, cette situation rend le champ à la fois ouvert et confus.

* Le marché

Il existe un réel et large marché du travail. La progression en 30 ans est remarquable. Mais, le peu de lisibilité des formations et des diplômes peut entraîner une absence de visibilité des postes et fonctions proposés : que peut signifier une offre d'emploi qui signale un poste pour tout type de travailleur social, une autre qui spécifie une exigence de B.A.F.A. ou B.A.F.D. ou B.E.A.T.E.P., une enfin qui propose un emploi de responsabilité générale pour un titulaire du B.E.A.T.E.P., alors que c'est un diplômé du D.E.F.A. qui devrait être logiquement appelé ? On pourrait multiplier les exemples qui font naître des inquiétudes fortes dans les milieux professionnels quant au positionnement des différents niveaux de diplôme en lien avec le marché du travail[41]. Bien sûr, on ne peut pas dire que le

---

[41] Voir note 33, p. 117.

professionnalisme soit réellement validé par la seule exigence d'une formation sanctionnée par un diplôme. Mais c'est plutôt la situation inverse qui prédomine : on vient de le voir, les animateurs salariés ayant un diplôme professionnel sont encore très largement minoritaires, même si le mouvement de qualification diplômante a plutôt tendance à se développer. Enfin la légitimité d'une profession est aussi celle de la position individuelle et collective de ses membres dans l'organisation et sur le marché du travail, notamment à travers l'existence des conventions collectives[42].

Depuis longtemps déjà les animateurs sont reconnus dans les conventions collectives qui régissent les accords de travail entre syndicats d'employeurs et syndicats de salariés. La convention dite « 66 », la « 51 », celle des centres sociaux, des F.J.T., des M.J.C. ou l'accord collectif de travail des C.H.R.S. légalisent l'existence en leur sein d'animateurs professionnels. Depuis 1988, la création de la convention collective étendue de l'Animation socioculturelle a stabilisé les bases statutaires de cette profession dans ses différentes tâches, fonctions et niveaux de responsabilité, en lien avec des diplômes professionnels ou universitaires et l'expérience professionnelle de chacun : c'est une avancée décisive. Elle ne doit pas cacher l'existence d'un marché fluctuant marqué par la précarité de beaucoup de contrats de travail (1 sur 2) et par la concurrence entre associations dans les champs de l'insertion, du soutien scolaire, du loisir, de la formation, de la médiation ou du développement urbain. Il y a même interaction entre les deux phénomènes dans la mesure où l'offre concurrentielle des politiques publiques conduit à une inévitable précarisation accrue des contrats de travail[43]. Il est difficile dans ces conditions, pour les pouvoirs publics, d'avoir des exigences de qualification et de professionnalisation.

---

[42] DUBAR, Cl., *La socialisation. Construction des identités sociales et professionnelles*, Paris, Armand-Colin, 1992.
[43] Voir note 36, p. 119.

5ᵉ critère : Le contrôle du système d'animation pour permettre aux professionnels de mieux maîtriser les évolutions et les adaptations par la création de lieux où s'élaborent et se défendent l'idéologie et la culture du corps des professionnels concernés (la rémunération, la formation, la notoriété dans des signes de reconnaissance sociale)

La réalisation de ce critère permet d'obtenir les garanties nécessaires et suffisantes pour tout corps professionnel afin d'accéder à plus de pouvoir et de prestige social dans l'exercice de sa fonction.

Plusieurs composantes participent de ce critère :

- La première correspond à l'appartenance à des organismes professionnels dans le champ défini, c'est-à-dire un certain degré d'organisation collective de la profession, la prise de conscience par le groupe des animateurs de l'existence d'intérêts communs qu'il faut défendre, par exemple face aux interventions des autorités politiques, face aux empiétements de la concurrence, face au scepticisme, à la méfiance ou à l'ignorance du grand public. Cette cohésion du groupe est une des caractéristiques essentielles du passage de l'amateurisme au professionnalisme, par l'abandon d'un certain individualisme et l'affaiblissement des différences sociales entre les diverses catégories d'animateurs. Voilà une des clés de la reconnaissance publique et de l'amélioration de son image et de ses conditions de vie et de travail permettant de combler le décalage entre les aspirations énoncées des animateurs sur leur profession d'une part et d'autre part leur image dans l'opinion ou leur crédibilité.

Qu'en est-il concrètement ? Aujourd'hui, la solidarité entre les membres du corps n'est pas évidente, défaillance accentuée par les logiques de certains politiques et employeurs utilisant parfois de jeunes animateurs peu qualifiés et peu expérimentés dans les postes à risque (à l'instar de ce qui se pratique pour certains jeunes policiers ou enseignants dans des zones sensibles), qui les conduisent soit à la dépendance totale et muette face à l'autorité institutionnelle, soit à une usure et une déprime rapide, c'est-à-dire à l'échec. Il ne semble pas que ce soit là une façon de répondre aux défis de la crise du lien qui traverse notre société.

Les organisations syndicales regroupent très peu de professionnels et dans des branches éclatées : de plus, il n'existe pas d'organisation professionnelle globale et nationale.

- Une deuxième composante est celle liée à l'organisation de manifestations, de colloques, de séminaires, par les professionnels eux-mêmes (et non par des institutions ou des universités). On en trouve, ici ou là, localement, mais de façon très irrégulière.

- La troisième composante concerne l'existence d'une presse spécialisée abondante, d'une édition d'ouvrages, d'une littérature scientifique et professionnelle. Dans les dix dernières années, il y a eu très peu de livres édités et les *Cahiers de l'Animation* ont disparu. Il ne reste quasiment plus qu'*Agora Débats/Jeunesses* de l'INJEP, revue ayant un comité scientifique mais dont la politique éditoriale dépasse le seul cadre de l'animation, et bien sûr les revues de structures nationales proches des fédérations de l'éducation populaire. Il s'agit, de la part de celles-là, plus d'une littérature informative que scientifique, même si le débat théorique autour des valeurs et des missions qui les inspirent alimente leur réflexion.

- La quatrième composante concerne la création et le contrôle de cursus de formation de professionnels sanctionnés par des diplômes. À cet égard, la présence de professionnels dans les jurys (en IUT Animation ou dans les diplômes de Jeunesse et Sports) et dans les formations comme vacataires est assurée, mais on ne peut absolument pas dire qu'un contrôle de la profession s'exerce ni sur les contenus de formation, ni sur la délivrance des diplômes, ni sur leur création, ni sur le nombre de diplômes délivrés, ni sur le titre d'animateur (à l'inverse de ce qui se passe en ce dernier domaine pour les assistant(e)s de service social).

- La dernière composante concerne la création par les professionnels eux-mêmes de formations de formateurs spécialisés sanctionnées par des diplômes. En dehors des formations de formateur et des options « formateur » du D.S.T.S., proposées en particulier par les I.R.T.S., elles sont aujourd'hui dispensées par l'Université, mais sans approche spécifique du champ de l'animation. Dans le champ associatif, la plupart des formateurs aujourd'hui sont encore des professionnels issus du terrain ayant acquis, pendant l'exercice de leur métier d'animateur un D.E.F.A., un B.E.E.S, une licence, une maîtrise, voire au mieux un D.E.S.S., ou bien hier le C.A.P.A.S.E. ou le D.E.C.E.P. Les conseillers d'Éducation Populaire et de Jeunesse (fonctionnaires de Jeunesse et Sports) font parfois fonction de formateurs dans les centres publics dépendant de ce ministère. Dans l'ensemble, il n'existe donc pas de filière spécifique de formation de formateurs à l'animation.

« La cohésion d'un ensemble flou »

Cette citation empruntée au sociologue L. Boltanski qui l'utilise pour le groupe socioprofessionnel des cadres[44] caractérise la situation et les enjeux de la construction du champ professionnel des animateurs.

Peut-il en être autrement si l'on rappelle que cette profession a une trentaine d'années d'existence, ce qui est peu du point de vue de l'histoire et de la sociologie du travail. L'évolution peut même être perçue comme positive si l'on considère, eu égard aux besoins, le tassement relatif des budgets sociaux et culturels, le redécoupage territorial des compétences (et pas toujours de façon claire), le travail partenarial difficile, la pression des pouvoirs politiques, les besoins inédits des populations, l'incertitude des savoirs et des savoir-faire : tout cela pèse sur les conditions d'exercice de la profession, sur la définition de la formation

---

[44] BOLTANSKI, L., *Les cadres. La formation d'un groupe social*, Paris, Éditions de Minuit, 1982.

et de la qualification, sur l'ajustement de celles-ci aux postes de travail et aux missions du système d'animation, sur les exigences de l'implication et de la distanciation à la fois, sur le refus du corporatisme exacerbé et de la dépendance à l'égard des employeurs, etc.

Les difficultés rencontrées par les animateurs n'excluent pas leur construction identitaire en tant que groupe professionnel. Cl. Dubar place cette notion de dynamique identitaire à l'articulation de « *l'identité pour soi* » faite d'histoire et de niveau d'aspiration et de « *l'identité pour autrui* » faite de revendication et de reconnaissance sociale. Le processus semble plutôt évoluer de façon positive pour les animateurs. Sur le plan subjectif, ils ne se considèrent, par exemple, ni comme des enseignants, ni comme des éducateurs spécialisés ; ils disent entrer en correspondance avec un héritage culturel et un imaginaire social ; ils affirment mettre en œuvre des pratiques réflexives face aux situations-problèmes qu'ils ont à résoudre, tout au moins à partir d'un certain niveau de qualification et d'expérience ; ils se reconnaissent assez largement entre eux comme des animateurs ayant une singularité professionnelle. Sur le plan objectif, l'identité revendiquée et celle reconnue à l'extérieur n'est pas encore à la hauteur de leurs espérances ou de leurs revendications, mais que de chemin parcouru en 30 ans dans la légitimation d'une spécificité professionnelle.

Le chantier pour l'avenir et les transactions entre eux et avec les autres seront-ils poursuivis ? Dans le champ du loisir, de la prévention, de l'insertion, du développement social et culturel local, ils sont potentiellement en mesure d'obtenir des compromis qui leur soient favorables concernant les types d'emploi de leur groupe professionnel et de leur logique spécifique d'intervention. Une des conditions cependant est de renforcer leur cohésion en tant que catégorie socio-professionnelle, de rendre plus visibles leurs pratiques, de théoriser leur originalité d'intervention. Les animateurs ont des atouts : une histoire déjà riche, de nombreux équipements et services, une capacité d'adaptation en tant qu'agents sociaux dans une société en mouvement, une extension régulière de leurs pratiques, un flou des missions profitable par l'inventivité de leurs interventions. Ils peuvent donc jouer leur rôle collectif, mais modestement, « *pour modifier les rapports de force existants aujourd'hui autour des questions centrales de la société française de cette fin de siècle : les quartiers fragiles et le développement urbain, les inégalités sociales et culturelles, la démocratie défaillante, la crise du lien sous ses multiples formes* »[45].

Associations et animation : deux systèmes solidaires

Sans le fait associatif, ni l'éducation populaire, ni l'animation socioculturelle n'auraient pris l'ampleur historique qu'on leur reconnaît.

Bien sûr, la vie associative est mouvante : de nouvelles associations rejettent parfois violemment des associations institutionnalisées, sans penser que les premières seront peut-être les secondes de demain. Chaque association passe historiquement après sa création par des phases de développement, de mutation, de transformation, de décroissance ou de crise dans un mouvement perpétuel entre innovation et institutionnalisation. C'est ainsi que le Secrétaire général de la Ligue de l'Enseignement reconnaissait récemment que le mouvement de l'éducation populaire avait souffert dans les années quatre-vingt d'une trop grande proximité avec le pouvoir, l'entraînant dans une complicité silencieuse, loin de sa mission critique et autocritique. Le fait de l'affirmer est déjà en soi une avancée politique et le signe d'une recherche de nouvelle légitimité : il reste que la dépendance au politique que représentent

---

[45] AUGUSTIN, J.-P., GILLET, J.-C., « La professionnalisation des animateurs socio-culturels: atouts et incertitudes », *in* GUILLAUME, P., (sous la dir. de), *La professionnalisation des classes moyennes*, Talence, MSHA, 1996.

les enseignants détachés ne peut effacer un cordon ombilical bien visible.

Il est aussi utile de distinguer les associations où se côtoient bénévoles et professionnels qui sont gestionnaires et offrent des services dans les champs de la prévention, du handicap, du sport, de la culture, de l'art sur la base d'un projet éducatif et pédagogique ; les associations autonomes, revendicatrices ou protestataires (défense de multiples droits, de l'environnement ou du cadre de vie) ; les associations administratives ou para-administratives, relais et prolongations de l'action de l'État, où il existe peu ou pas de bénévoles. L'animation est plutôt présente dans la première catégorie considérant en particulier le temps libre comme un potentiel éducatif permettant le développement du sujet, de la créativité, de la libre initiative, de la conduite de projets personnels[46].

L'associatif est pour les animateurs un lieu potentiel de médiation dans la recomposition des rapports entre économie et politique, par une redéfinition du social. On assiste ainsi de plus en plus à des rencontres et à des échanges entre différentes missions : les entreprises associatives de tourisme ne misent-elles pas, par exemple, sur l'animation pour développer la qualité de leurs prestations ? Beaucoup d'associations, notamment dans le mouvement d'éducation populaire n'ont pas une frontière définie entre les activités de prestations de services et le fait de rassembler autour d'un projet qui a un rôle de structuration de l'action : les activités ne veulent être que la traduction technique, pédagogique ou économique d'une action sociopolitique visant au changement social et culturel. C'est ainsi qu'elles développent leur légitimation par la production de biens et de services dans une construction de lien social, c'est-à-dire par la constitution de réseaux de soutien et

---

[46] THILLAY, Ph., « Animation socioculturelle : nouveaux besoins, nouvelles qualifications », *in Se former aux métiers des loisirs ?*, Tome 1. Les Tendances. Guide technique. Centre-Inffo, p. 100-103, 1997.

d'échanges entre les personnes et les groupes pour leur développement et leur promotion. En même temps, on ne peut occulter les risques ou les déstabilisations provoquées par la toute-puissance du marché.

Enfin, leur territorialisation peut devenir soit un obstacle à leur mobilisation, soit un point d'appui : elles appartiennent à des logiques de politiques publiques par les activités qu'elles mettent en œuvre dans un partenariat parfois obligé, mais, par leur connaissance du terrain, elles sont aussi les vecteurs des aspirations collectives. Leurs réseaux sont verticaux et horizontaux à la fois. Elles sont aux prises en même temps avec les organisations étatiques et les administrations locales et avec les souhaits à l'autonomie de chaque personne. Elles souffrent de l'affaiblissement du débat public et visent un fonctionnement plus démocratique d'une société qu'elles souhaitent plus viable et plus attractive : elles sont faibles et fortes à la fois, pauvres et riches.

Comme l'écrit Dan Ferrand-Bechmann, le bénévolat associatif est une « *dimension cachée mais importante de notre société car il articule l'individuel et le collectif, l'action personnelle et l'action organisée associative, le geste gratuit et le geste marchand, le travail et le loisir, le religieux et le laïc, le militant et l'homme tranquille* »[47].

On pourrait ajouter un lien d'une autre nature : celui qui existe entre le bénévole et le professionnel. L'histoire associative est en communication étroite avec celle de l'institutionnalisation des professions qu'elles ont contribué à créer, notamment celles de l'animation. L'équilibre est ici aussi difficile : « *Trop de bénévolat rend la gestion impossible... Trop de spécialisation professionnelle enfonce la dynamique sociale dans le carcan des fragmentations* », expliquent J.-L. Laville et R. Sainsaulieu[48]. Com-

---

[47] Voir note 11, p. 100.
[48] LAVILLE, J.-L., SAINSAULIEU, R., (sous la dir. de), *Sociologie de l'Association. Des organisations à l'épreuve du changement social*, Coll. Sociologie économique, Paris, Desclée de Brouwer, 1998.

ment solutionner ces contradictions ? Une construction théorique est-elle possible, qui rendrait compte du phénomène de l'animation professionnelle, en tenant compte des différentes facettes qui le constituent, intégrant la dimension des enjeux, les étapes historiques, les contextes, les logiques d'action ? Une telle démarche de recherche est désormais indispensable pour mettre en tension les dimensions systémiques et interactionnistes du champ de l'animation.

Chapitre 4

ENTRE GÉRER LE PRÉSENT ET INVENTER L'AVENIR

Entre contraintes et ressources, entre gestion des équipements et proximité avec les usagers et les habitants, il a été précisé la fonction des bénévoles dans le champ associatif en général et celui de l'animation en particulier. Des enjeux complexes ont été dégagés qui placent l'animation professionnelle au contact des problèmes rencontrés par la société française dans son ensemble. Certains d'entre eux méritent une attention particulière, tant ils sont éventuellement porteurs d'avenir et d'apories à la fois entre fragilisation et renforcement de la démocratie.

Les enjeux de l'animation

Trois enjeux sensibles pour un formatage du futur proche semblent devoir être mis en évidence. Ils concernent la crise du lien, le développement du loisir, la création culturelle dans la ville.

La déliance

La notion de crise du lien social est non seulement banale, mais incomplète. La crise du lien, définie comme « *la déliance* »[1], et qui appelle donc une reliance, peut être problématisée à partir de concepts classiques de la sociologie, tels que communauté et société, sociabilité et socialité[2], « vivre avec ou ensemble », c'est-à-dire entre sociabilité

---

[1] BOLLE de BAL, M., *Reliance et théories*, Paris, L'Harmattan, 1996.
[2] CAILLÉ, A., *Splendeurs et misères des sciences sociales*, Genève/Paris, Droz, 1986.

privée et sociabilité publique[3]. En ce sens, diverses distinctions doivent être opérées : le rôle des professionnels et celui des bénévoles n'est pas identique autour de la question du lien, compte tenu de leur position spécifique dans les rapports sociaux ; il en est de même pour leur place tantôt dans l'action collective organisée, tantôt hors de l'action collective spontanée. Des enjeux politiques et de pouvoir démocratique pour les populations sont sous-jacents à ces différentes perspectives.

En conséquence, si l'on doit manier avec précaution la notion de lien social, il est cependant possible d'aller plus avant dans la construction théorique en tentant une définition des différents aspects de cette rupture des échanges interhumains. Ils peuvent s'ordonner autour de cette phase décisive d'une maladie (ici sociétale) désignée par le mot crise, phase de la « décision » d'un point de vue étymologique :

- une crise du lien économique ou crise de l'intégration dans le marché du travail salarié, compte tenu de sa rareté, provoquant chômage, pauvreté et exclusion dans certaines zones urbaines, avec des « *surnuméraires* » ou des « *valides invalidés* »[4],
- une crise du lien civil, autour des phénomènes d'incivilités au quotidien, depuis la dégradation de certaines relations de voisinage jusqu'à la petite délinquance urbaine,
- une crise du lien politique, les structures intermédiaires entre le citoyen et l'État étant plus ou moins en perte de légitimité (en particulier les partis et les syndicats),
- une crise du lien civique, avec un questionnement naissant sur l'efficacité et la justice sociale d'un modèle démocratique confiné à une expression réduite trop sou-

---

[3] CHAUVIÈRE, M., « Essai de décomposition du travail social », in BAILLEAU, Fr. (et *alii*) (sous la dir. de), *Lettres sociologiques du travail social*, CRIV, Les Éditions ouvrières, 1985.
[4] *Cf.* note 39 - Chapitre 3 ; Revue *Esprit*, « À quoi sert le travail social ? Chômage, précarité, insertion : la nouvelle donne. Anciennes professions, nouveaux métiers. De la tutelle à la médiation », n° 3-4, mars-avril 1998.

vent à l'isoloir : que signifie alors l'exercice de la citoyenneté et le pouvoir du citoyen sur sa vie quotidienne ?

- une crise du lien culturel, avec la dissolution des anciens repères autour par exemple de l'idée de progrès continu, de sciences et technologies libératrices : la reconnaissance, le débat, la compréhension en sortent affaiblis, par absence d'imaginaire collectif, par incapacité à penser une saine articulation entre justice sociale et vie démocratique[5].

- une crise du lien social enfin ou crise de la solidarité, c'est-à-dire du sentiment d'appartenance, dans la réciprocité avec autrui, à un ensemble appelé société (entre les personnes, les générations, les communautés, les quartiers, les territoires).

Il s'agit globalement d'une crise du modèle d'intégration provoquant un vide social et un net affaiblissement de la représentation et de la perception par la société de la nécessité ou l'efficacité de règles ou de principes organisateurs communs.

Le système d'animation, face au déclin des grands systèmes institutionnels et au délitement de la société traditionnelle et de ses valeurs, demeure-t-il un des éléments de reconstitution de la reliance ? Peut-il valoriser des équipements ouverts aux identités multiples et mouvantes, offrant, par-delà le service, une construction de sens et de solidarité collective ? Peut-il permettre d'inverser partiellement, mais réellement, le processus en cours, reliant ainsi production de la société et prise en compte du pouvoir de chaque individu, à la fois sur sa vie concrète et présente, son avenir et celui de la cité ?

Si la notion de médiation est tant actuelle, c'est peut-être qu'elle correspond à ce contexte socio-historique : la médiation serait offerte comme réponse hypothétique à cette crise. L'animation peut participer de la production de la société en sollicitant les individus, en mobilisant leurs affects, leurs aspirations, leurs désirs, en misant sur eux, en

---

[5] ROSANVALLON, P., *La nouvelle question sociale. Repenser l'État-Providence*, Paris, Le Seuil, 1995.

leur demandant de faire exister la société par leur désir de prouver leur utilité lorsque celle-ci ne va plus de soi et qu'on ne sait plus quelle forme lui donner[6]. Philosophiquement, c'est en définitive sa seule raison d'être.

Le système associatif d'animation est un corps intermédiaire non classique (différents donc des partis et syndicats) qui garde encore un crédit important comme interlocuteur à la fois de l'État et des individus, reconnu encore largement par les pouvoirs, sinon considéré comme indispensable, et implanté dans les réalités locales. C'est à ce titre qu'il peut jouer une fonction de médiation et de relais car, avec l'école, c'est souvent une des rares présences sociales organisées, capable d'établir des passerelles, de revitaliser un tissu social dans des espaces ouverts, autour de la notion de projet.

Loisirs, temps libre et temps de non-travail

D'un point de vue strictement statistique, toutes les enquêtes démontrent la mutation réelle de la répartition et de l'organisation du temps de vie dans les sociétés développées. D'abord en valeur relative, compte tenu de l'allongement de l'espérance de vie : 45 % du temps éveillé était consacré au travail en 1800, 36 % en 1900, 14 % seulement en 1994 ; mais aussi en valeur absolue, c'est-à-dire 11 ans de temps éveillé cumulé au travail, 12 et 7, aux mêmes périodes[7]. Le temps libre est aujourd'hui au premier rang avec 31 % du temps global, le temps de travail n'étant plus qu'au quatrième rang avec 12 %[8]. Désormais le temps libre d'une vie est trois fois plus long que le temps de travail et multiplié par trois depuis le début du siècle. Certes, en France, le temps libre plus important que le temps de travail (ce dernier équivalent plus ou moins à

---

[6] Voir note 4, p. 140.
[7] GUILLAUME, M., (sous la dir. de), *L'état de la France 96-97* (en collaboration avec le CREDOC, Paris, La Découverte, 1996.
[8] MERMET, G., *Francoscopie 1997*, Paris, Larousse-Bordas, 1996.

28 heures hebdomadaires en moyenne pour les plus de 18 ans), est inégalement réparti selon les catégories sociales. Mais, du fait des hausses de productivité du travail, le désir du loisir est à relier avec celui de la réappropriation de sa propre vie.

Le temps est un temps social, utilisé dans des activités multiples et diverses, différenciées selon les niveaux de vie, dans des consommations à mettre en parallèle avec certaines productions de masse, les dépenses ayant largement progressé dans les quarante dernières années. Elles se sont multipliées par cinq entre 1960 et 1992[9], soit une estimation de 17 % du budget global des Français si l'on prend en compte toutes les dépenses occasionnées par les vacances et les loisirs, c'est-à-dire un budget équivalent à celui de l'alimentation et du logement. Les coefficients budgétaires des loisirs, de la culture et des spectacles seraient passés de 6,22 en 1970 à 7,43 en 1994, selon l'INSEE, la part des dépenses des vacances d'hiver passant de 15,7 à 29,6 pour la même période (la durée moyenne de séjour pour une année ayant légèrement baissé entre 1970 et 1994 : 29,6/27,2). L'enquête du CREDOC sur le sport pour la FIFAS (1994) propose une stabilisation du nombre de licenciés sportifs autour de 12 millions mais 68 % des Français déclarent avoir une pratique sportive, ce qui démontre à la fois l'essor des pratiques personnelles, informelles, non encadrées et celle des pratiques rêvées.

Cet accroissement du temps libre permet l'investissement de chaque individu et représente pour demain un enjeu majeur de l'organisation de la société : l'aspiration à la semaine de quatre jours en est un des signes probants. Une fois les besoins de base satisfaits (alimentation, logement, habillement), d'autres besoins prennent leur développement (transport, santé, mais aussi

---

[9] Voir note 7, p. 142.

culture et loisirs)[10]. Les souhaits des consommateurs en cas de hausse de revenus s'expriment de façon identique vers le temps libre, les vacances et le loisir et, à l'inverse, les restrictions portées aux budgets affectent les postes des vacances et des loisirs, pour 47,8 des Français en 1995, soit le plus fort indice (après la voiture).

Si les statistiques donnent un aperçu brut de la réalité, l'interprétation théorique du temps libre et des loisirs est, quant à elle, plus aléatoire.

D'abord les théories classiques sur le temps libre ont opposé les marxistes orthodoxes pour lesquels le temps libre est majoritairement un temps privilégié d'action collective (depuis le parti ou le syndicat, jusqu'à l'association ou l'éducation), et le loisir, celui de la vie privée réparatrice et compensatrice de l'homme aliéné au travail capitaliste ; et les libéraux pour lesquels temps libre et loisirs sont les moments privilégiés de l'équilibre de la personnalité, de l'expression de soi, de la consommation, de la culture, de l'enrichissement personnel (n'oublions pas dans cet ensemble qu'une tradition catholique a souvent considéré « l'oisiveté comme mère de tous les vices », si bien qu'un rapprochement de points de vue et de paroles devient visible entre la morale du catholique et celle du républicain, telle qu'elle était prodiguée à l'école primaire. Celui qui ne travaille pas ne peut être que mauvais et l'oisif bourgeois ne peut être qu'un exploiteur de l'ouvrier travailleur)[11]. Pour l'une et pour l'autre, dans des champs idéologiques distincts, ces temps sont ceux de la liberté, de l'activité (alors que le travail induit la passivité et la dépendance),

---

[10] Bibliographie de référence :
- LEGER, J., « Les dépenses pour les loisirs depuis 1960 », *INSEE Première* n° 306, Paris, INSEE, 1994.
- CREDOC, *Cahier de recherche*, n° 46, Paris, 1993.
- CREDOC, *Cahier de recherche*, n° 71, Paris, 1995.

[11] LANFANT, M.-F., *Les théories du loisir*, Coll. Le Sociologue, PUF, 1972.

d'une socialisation des comportements et des croyances par l'action éducative qu'ils peuvent induire.

Pour J. Dumazedier, le loisir est un temps libéré d'accès privilégié à la culture et à l'éducation, entre les temps sociaux contraints et temps sociaux engagés, une activité entre production et obligations sociales. C'est le lieu où peuvent s'élaborer des valeurs nouvelles, une mise en question des règles habituelles prônées par le travail, l'école ou la famille, l'église ou le parti. C'est aussi un terrain de conflits de valeurs (entre l'individualisme et l'engagement collectif, le travail par l'effort ou par le plaisir), caractérisé par quatre propriétés : libération, désintéressement, hédonisme et individuation, et trois fonctions : détente, divertissement et développement. « *Le loisir est un ensemble d'occupations auxquelles l'individu peut s'adonner de plein gré, soit pour se reposer, soit pour se divertir, soit pour développer son information ou sa formation désintéressée, sa participation sociale volontaire ou sa libre capacité créatrice après s'être dégagé de ses obligations professionnelles, familiales et sociales* », ou scolaires pour l'enfant[12].

J.-L. Laville et B. Perret sont, pour leur part, plus dubitatifs sur ce temps libéré[13]. Ils acceptent de le considérer comme un temps d'épanouissement personnel ou d'activités coopératives librement choisies, mais ils pensent qu'il est aussi aujourd'hui le temps du travail au noir et des rapports de soumission dans l'économie informelle, celui de la consommation ou d'un temps vide de sens sans repères normatifs, renforçant la tendance à l'anomie et à la fragmentation sociale. Ce temps poserait plus de questions qu'il n'en résout aux pouvoirs publics dans l'articulation entre politiques de l'emploi, du renforcement du lien social et de la dynamisation de l'espace public. C'est en ce sens

---

[12] DUMAZEDIER, J., *La révolution culturelle du temps libre, 1968-1988*, Coll. Sociétés, Éd. Méridiens-Kleincksiek, 1988.

[13] LAVILLE, J.-L., PERRET, B., « Vers une société de pluriactivité », *Esprit*, n° 12, décembre 1995.

qu'ils développent leur théorie de l'économie solidaire, permettant à leurs yeux une nouvelle régulation des rapports économiques, par le développement d'activités désintéressées et d'utilité sociale et par des travaux de production pour son propre usage ou ses proches, profilant un troisième pôle entre État et marché. Ce pôle remplirait donc une double mission : d'ordre politique en permettant à chacun de s'exprimer et d'agir à propos des problèmes quotidiens qu'il rencontre ; d'ordre économique et social en construisant des activités génératrices de socialisation et d'emploi.

Il existe enfin des positions plus radicales : c'est le cas de R. Sue qui insiste sur le paradoxe consistant à focaliser le discours social sur la question du travail et de son économie alors qu'il ne représente qu'une part de plus en plus faible de la réalité sociale. Pour lui, c'est le temps libre qui est de plus en plus constitutif de la réalité moderne, bien qu'il bénéficie d'une très faible visibilité sociale. Au fond, il y aurait une attitude de « *dénégation* », car « *plus il progresse, moins il est reconnu* »[14]. La crise résulterait donc de ce décalage entre la réalité et la représentation sociale de celle-ci. L'idéologie du XIXe siècle, considérant le travail comme un temps dominant, pèse encore largement.

P. Viveret est assez proche de cette perspective : il pense qu'il s'agit d'une « *illusion d'optique* », le travail étant hier la réponse à la lutte pour la survie, alors qu'il n'y a plus rareté aujourd'hui (même s'il y a répartition injuste). Il propose une transformation culturelle qui fasse sortir la société de cette « *logique du labeur* »[15], idée révolutionnaire lorsque l'utilité sociale de chacun par le travail permettait de penser sa place dans la vie sociale, mais inopérante dans une société où la production des richesses se situe dans le savoir-faire, richesse éducative, qui a permis de créer les machines.

---

[14] SUE, R., *Temps libre et ordre social*, Paris, PUF, 1995.
[15] VIVERET, P., « Entretien », *PEPS*, n° 51, juillet-septembre 1995.

Le loisir et le temps choisi (non contraint) confrontent les humains à une nouvelle interrogation sur le sens de leur vie et celui de la société où ils vivent : ce sont donc les *« ouvreurs sociaux, les passeurs, les gens qui ouvrent des brèches dans la dépression individuelle et collective qui sont importants. Seulement ils ne peuvent eux-mêmes remplir ce rôle positif que pour autant qu'ils sont, eux aussi, en situation de pouvoir recevoir d'autrui, en capacité de sortir du productivisme social pour entrer dans l'art de vivre »*[16].

Le système d'animation s'est saisi historiquement de ce secteur du temps libre et des loisirs. Il semble mieux placé à en comprendre les enjeux et à les saisir que les autres travailleurs sociaux plus marqués par l'idéologie de la réparation et de la réadaptation vers l'économique. Il perçoit mieux, et cela reste son domaine d'activités privilégié, que le travail n'est plus le seul fondement du lien social. Il considère le temps libre comme un espace public source de sociabilité, d'expression, d'acquisition d'identité, de participation à la vie collective. C'est même là un de ses fondements culturels principaux, par lequel chacun est invité à un « *art de l'existence* »[10], quel que soit son niveau de revenu ou d'instruction. En même temps, l'animation n'est pas à l'abri de dérives mercantiles : combien de professionnels ne cèdent-ils pas parfois à la facilité de la sortie Mac Do, du voyage à Disneyland ou de la soirée Halloween ! C'est aussi parfois une absence de maîtrise d'activités plus culturelles qui peut l'entraîner sur cette pente facile.

Cependant, l'approche collective qui est la méthodologie de base de l'animation, par opposition à l'approche individuelle dans le travail social plus classique, cette recherche de la structuration d'une dimension sociale, ce point de vue global sur des sujets manifestant un besoin de culture fait du système d'animation un système éducatif ; sa démarche spécifique ne privilégie pas une dimension pathologique ou juridique, mais le développement de la responsabilisation du plus grand nom-

---

[16] Voir note 12, p. 145.

bre, par la participation à l'élaboration et à la mise en œuvre d'actions touchant à la vie quotidienne et à l'expression du citoyen.

Le vieillissement, la longévité, les chômeurs de plus en plus nombreux, la population active à la recherche de plus d'épanouissement hors du temps de travail, les jeunes certainement les moins sensibles à la valeur morale du travail (sens de l'ordre et de la hiérarchie) sont les moteurs de cette dynamique de l'animation : besoin d'autonomie pour être acteur et non subir, besoin de nouvelles formes de convivialité (les modes de sociabilité traditionnels ayant perdu de leurs performances), recherche de plus d'harmonie avec l'environnement, goût de la vitalité, du plaisir et de la forme en réponse à une vie plus stressante, affirmation de son identité, préhension du sens de la vie en société devant les incertitudes sociales, toutes ces dynamiques sont un tremplin pour l'animation de demain, si elle veut se saisir de ces évolutions sociétales et des modes de communication qui la traduisent. C'est en tout cas cette direction que l'enquête réalisée par la DRJS d'Île-de-France sur les emplois d'animation entrevoit dans les pratiques d'aujourd'hui à renforcer pour demain[17]. La culture historique, le développement quantitatif et qualitatif du système d'animation, sa faculté d'adaptation sont des atouts essentiels dans cet enjeu qui consiste à articuler cinq grands types de finalités : le développement du lien social et de la citoyenneté, de pratiques identitaires ou affinitaires, de pratiques sportives et culturelles, de la recherche d'une logique de marketing autour des besoins solvables dans les loisirs de proximité et en même temps d'une régulation sociale qui valorise les démarches et pressions collectives des plus démunis dans une démocratie à conquérir de façon permanente. Le système d'animation peut participer alors de la création d'un nouvel imaginaire collectif dans une société qui, paradoxalement, à la fois privilégie de façon mar-

---

[17] D.R.J.S., *Les emplois d'animation en Île-de-France, op. cit.*, cf. chapitre 3.

quante la recherche du profit et s'inquiète tout autant du non-sens que cette perspective engendre.

La création culturelle dans la ville

L'ensemble des phénomènes précités (mutation de l'État-providence, métamorphose du travail, crise de l'urbanisme, transformation des systèmes de valeur et de représentation de la société) trouvent leur traduction dans les quartiers dits fragiles[18]. Ces derniers concentrent toutes les contradictions de la société, mais sont en même temps, « *le lieu de la diversité culturelle, souvent également un laboratoire de l'interculturel, un réservoir de mémoires vivantes, un foyer de nouvelles expressions et pratiques artistiques, et encore un espace de solidarités concentriques, de lien social.* »[19]

Pour cela, il faut changer de regard et considérer les groupes ou populations en difficulté plutôt comme un potentiel de créativité et non d'abord comme un problème social. Mettre en œuvre un travail d'éducation au lien social pousse donc en priorité à s'interroger sur la fonction sociale de l'art, en proposant de le considérer comme porteur d'une fonction ou d'une dimension critique, sans pour autant le fondre dans un engagement militant. Une création artistique s'apparente alors à un acte de transformation de la nature, de l'environnement, de sa propre condition humaine en tentant de les maîtriser par et dans une représentation nouvelle. Cet art du décalage par rapport à l'habitus peut s'articuler à une définition de la fonction sociale de la culture reconnaissant qu'il n'est plus possible de limiter celle-ci à la dimension de « *l'ensemble des œuvres de l'esprit* » ou à la nécessité de son élargissement au plus grand nombre pouvant accéder à la création artistique du passé et du présent. Elle doit aussi accepter une définition légitimant des

---

[18] AUGUSTIN, J.-P., GILLET, J.-C., (sous la dir. de), *Quartiers fragiles, développement urbain et animation*, Bordeaux, PUB, 1996.
[19] SAEZ, J.-P., « Culture et lien social », *Observatoire des politiques culturelles de Grenoble*, n° 15, printemps 1998.

formes culturelles plus larges : en particulier l'éducation populaire dans son histoire a cherché la synergie entre lien social et culture, mais « *la rencontre, même mutuellement souhaitée, entre l'intellectuel et le peuple ne crée pas automatiquement une situation pédagogique adaptée. Et l'imposition de modèles culturels légitimes comme voie obligée de l'éducation des classes laborieuses implique somme toute une vision à sens unique du partage culturel.* »[20] De même on peut considérer que l'animation socioculturelle dans les années soixante/soixante-dix fait une tentative historique d'alliance entre les couches moyennes et les classes populaires, expression culturelle d'une hypothèse d'alternative globale au système capitaliste dominant. La crise économique de la fin des années soixante-dix et suivantes a fait éclater cette démarche, les antagonismes ayant pris la suprématie sur les échanges et les accords de classes, d'autant plus que les leaders culturels et politiques des couches moyennes souhaitaient conserver la direction de cette alliance.

Au tournant du siècle, on peut faire le pari que, dans la crise du lien social, la culture peut aider à la formulation de nouveaux repères symboliques, sans surestimer ses effets ni « *dédouaner les acteurs de l'art et de la culture de toute responsabilité sociale dès lors qu'ils en appellent eux-mêmes à la collectivité* »[21]. L'apparition de la notion de « cultures urbaines » fait partie de cette refondation d'une action culturelle qui, à partir de la richesse des différences, pense construire une société plurielle et citoyenne, reflet de la ville de demain articulant de façon interactive le centre et les périphéries.

Le travail entrepris lors des rencontres des cultures urbaines à La Villette, celui autour de la danse et de la chorégraphie à Lyon et dans ses environs, celui enfin réalisé par « Banlieues d'Europe » à Strasbourg à partir de la mise en réseau de projets artistiques incarnent cette perspective. « Banlieues d'Europe », malgré les aléas financiers de ce support, est une

---

[20] Voir note 19, p. 149.
[21] *Ibid.*

initiative qui permet de prendre le pouls de ce que serait une redéfinition du champ et des pratiques du socioculturel, où artistes, professionnels de la culture, animateurs professionnels, autres travailleurs sociaux, groupes de population tentent une recherche encore difficile du couplage lien social et création culturelle. Les projets culturels de quartier associent habitants et acteurs culturels locaux, en relation avec les politiques locales (éducatives, économiques, sociales) dans une stratégie d'intégration et de rencontres conflictuelles à la fois de cultures d'origines diverses. Parfois les collectivités territoriales, les DRAC, les préfectures, les sous-préfets en charge de la ville, les représentants d'autres ministères sont concernés, lorsqu'il s'agit de projets reconnus officiellement par le ministère de la culture (80 sites choisis en 1997).

L'animation et le champ culturel

Depuis les années quatre-vingt et aujourd'hui avec plus d'acuité encore, le débat autour de la signification théorique du concept de culture s'est accentué. On est passé d'une vision patrimoniale de celle-ci, réservée à une élite, à une perspective de démocratisation culturelle et d'élargissement de la diffusion culturelle, dont P. Bourdieu notamment a largement montré dans ses travaux les effets relativement limités. Réactualisée dans les années récentes, une autre vision s'est affirmée autour de la notion de démocratie culturelle considérant la culture comme une expression libre et le résultat de la création individuelle et collective. Cette conception anthropologique met l'accent sur les façons de vivre, d'agir et de sentir des groupes ou communautés, les intérêts manifestés, les attitudes, les produits élaborés, les réalisations. Une telle définition permettrait de distinguer art et culture. Selon X. Ucar, ce qui différencie l'acteur artiste de l'acteur culturel « n'est pas nécessairement la qualité du produit élaboré, ni la signification qu'il peut avoir en lien avec le bagage culturel de l'humanité : le premier sera inclus dans le patrimoine artistique et le second dans le patrimoine socioculturel » (X. Ucar, La animación sociocultural, Ed. Pedagogia social, Barcelona, 1992). L'art relève plus de la sensibilité, tandis que la culture est plus fortement ancrée dans une affirmation identitaire : mais les frontières ne sont pas imperméables entre les deux mondes.

Mais le mouvement de rencontre entre le social et le culturel dépasse largement ce cadre. La culture, associée à l'idée de solidarité, suppose la reconnaissance d'abord de la parole de l'autre : c'est là le présupposé de base de toute relation entre production artistique et vie des habitants. Vient ensuite la priorité accordée à la création d'un imaginaire collectif pour éviter l'individualisme forcené de chaque membre de la société. Cette dimension culturelle doit s'appuyer sur une dimension territoriale à partir de cette unité de base que constituent l'agglomération, la commune et le quartier. Elle doit aussi s'articuler avec une dimension politique et critique de la société globale : sinon, le risque de ghettoïsation culturelle, autour de pratiques de « fascination ethnico-esthétiques », comme l'explique le sociologue F. Dubet, n'est pas exclu. Les animateurs professionnels ont bien sûr leur place dans ce projet de construction de sens.

Fonctions et rôles des animateurs professionnels

L'évolution du champ de l'animation depuis plus de trente ans, sa progression continue et multiforme, ses succès et sa fragilité rendent aléatoire la recherche de définitions fiables et admises par tous. Mais en même temps la phase de professionnalisation dans laquelle l'animation est engagée rend nécessaire une théorisation du phénomène.

Utilité sociale et construction de sens

Les apports de l'histoire, les travaux sémantiques et étymologiques, les typologies, les discours théoriques laissent l'observateur perplexe devant tant de contrastes et de contradictions. En sus des bénévoles, l'apparition des professionnels dans ce secteur a donné une dimension nouvelle qui nécessite de s'interroger sur la fonction et les rôles joués par ces derniers.

Toute une littérature abondante existe sur le sujet, riche et contradictoire, allant d'un fonctionnalisme à un radicalisme débridé (l'animation au service de la révolution). Le propos sera ici plus modeste et se centre plutôt sur le langage courant et sociologique à la fois, désignant l'ensemble des tâches, des devoirs et des responsabilités qui incombent à un professionnel.

La fonction d'animation est une fonction collective. Ainsi, de la même façon que dans la vie d'un groupe la première ne peut se mettre en œuvre que si l'ensemble des acteurs joue pleinement son rôle (l'animateur de groupe, les participants, le secrétaire de séance, les observateurs), il en est de même pour celle exercée par les professionnels du champ global de l'animation : cette fonction appelle une multiplicité de rôles et devient partagée entre professionnels et bénévoles pour permettre la production d'échanges, de relations, d'actions et d'activités dans un projet commun. Voilà ce qu'on peut désigner par la notion d'utilité sociale de la fonction d'animation.

Les rôles joués par les professionnels dans ce cadre peuvent être définis comme l'ensemble des comportements que l'on est en droit d'attendre de la part d'un professionnel qui cherche à produire ou faire produire de l'animation. Il existe tout un panel d'attitudes pertinentes, telle que l'écoute, une position éducative, de créativité, etc.

Pour caractériser cette fonction et ces rôles, la sociologie française a tenté de réduire l'animation tantôt à un facteur de transformation et de progrès social, tantôt comme un instrument de conservation et de normalisation sociale, débat reposant sur l'affrontement implicite (historicisé et en même temps récurrent) de deux prises de position philosophiques sur la question de la liberté humaine, parfois dans une perspective humaniste, parfois dans une perspective critique et déterministe.

Ce choix théorique semble réducteur, car il existe une interaction des déterminants probables et des interventions possibles d'un acteur social (tel que l'animateur), donc sujet, lui-même orienté dans ses actions par la situation sociale qui détermine à son tour la nature, l'ampleur et la portée de l'interaction. Il est dès lors envisageable de considérer l'animation comme relevant d'une philosophie de la praxis, c'est-à-dire que les structures sociales dans lesquelles elle s'inscrit sont à la fois des déterminants, mais aussi produits de l'action humaine, la rendant tout à la fois possible et limitée. La *praxis*, c'est le point de rencontre entre ces oppositions entre production et reproduction, c'est l'idée d'un faire qui peut aussi être créateur de réalités et de sens nouveaux.

Certes le modèle théorique issu d'une philosophie de la praxis n'épuisera jamais le réel. Il a ses limites, mais il a aussi l'avantage d'indiquer une voie (parfois conflictuelle) par laquelle il peut exister une relation entre la pensée et le monde par la praxis. Ce lien entre théorie et mouvement, cette articulation n'est pas simple, car la *praxis* ne se limite pas à un faire, à une activité à l'état pur : c'est une action concertée, c'est une action précédée et accompagnée de décision et d'évaluation. La non-transparence de la société est un fait social. La *praxis* peut rétablir les conditions d'une transparence relative.

L'animation peut être une démarche de mise en tension créatrice d'une pratique et d'une théorie pour comprendre les actions humaines, les améliorer, les réajuster. L'activité d'animation contient à cette condition une visée formatrice, dans une direction, un sens, et, à ce titre, reste un enjeu pour les pouvoirs (économiques, sociaux, culturels). Elle n'est jamais ni totalement asservie, ni totalement libérée des contraintes qui pèsent sur elle.

Le schéma pluraliste ainsi dégagé permet d'intégrer dans l'analyse les niveaux intermédiaires qui se situent à l'intersection du local et du global, de l'individu et de la société, les espaces de vie et de relations entre les individus par la médiation des groupes auxquels ils appartiennent. L'animateur professionnel est en permanence confronté aux différents groupes qui composent la société, coagulés autour d'intérêts communs, en communication ou opposition avec les autres groupes sociaux. Ces groupes participent d'une *praxis* qui les met en état d'inventer des solutions nouvelles dans le but de transformer partiellement la société au lieu de la subir.

Considérer l'animation comme une praxis puisqu'elle est un agir, c'est donc vouloir dire et afficher qu'il y a vraisemblablement dans cette notion d'animation une visée de changement social. Une praxis, c'est-à-dire une pratique consciente d'elle-même, cherche à réconcilier théorie et pratique dans un processus dialectique et circulaire, dans une mise en tension permanente et créatrice. En conséquence, et dans cette perspective, les recherches sur l'animation doivent se situer dans l'ordre de ce qui s'appelle une praxéologie, qui, plus que science de la pratique ou de l'action, évoque une science de la praxis, c'est-à-dire le mouvement de va-et-vient entre le vécu, la pratique et la pensée[22].

Dans ce mouvement, la logique pédagogique d'une recherche sur l'animation doit recouvrir plusieurs champs disciplinaires, car l'animation en tant que praxis sociale et les objets qui la constituent ne semblent pas pouvoir être réductibles à aucune discipline particulière. L'animation, comme toute action, est une synthèse des différentes disciplines au sens où elle est une opération en soi transdisciplinaire. Comme pratique sociale, elle est tout à la fois psychologique, sociologique, économique, juridique, psychosociale, etc. (cf. encadré ci-dessous).

Les problématiques et les champs de recherche que doivent investir les professionnels de l'animation dans leurs fonctions se focalisent autour du « local », qui oblige à croiser des approches scientifiques distinctes (même si par ailleurs elles introduisent des écarts d'analyse), telle qu'une sociologie de l'acteur, concernant par exemple les aspects de la prise de décision dans les situations sociales, la psychosociologie pour ce qui concerne les fonctions de médiation des corps intermédiaires que sont les groupes sociaux, et une sociologie politique et systémique permettant de faire le lien entre le local et le global.

---

[22] GILLET, J.-C., *Animation et animateurs : le sens de l'action*, op. cit. ; GILLET, J.-C., *Formation à l'animation : agir et savoir*, Éd. L'Harmattan, 1998.

Animation et interdisciplinarité

Une approche théorique du champ de l'animation oblige à confronter la pratique localisée et le contexte politique, les formes de sociabilité au quotidien et la société globale, la société en train de se faire (« ses effervescences », suggère le sociologue G. Gurvitch) et la société acquise avec son système de normes et de symboles, la dynamique de l'action et la stabilité des structures.

En conséquence, il faudra mettre en tension, et ce n'est pas la moindre des difficultés, une macrosociologie plutôt pertinente dans l'analyse des déterminismes sociaux et une microsociologie prenant en compte la liberté humaine, c'est-à-dire les interactions constitutives du social dans la vie concrète et quotidienne.

Dans le cadre éthique qui le contient et l'incite à agir contre toutes les formes de déliance caractérisant aujourd'hui les sociétés développées, l'animateur professionnel peut devenir stratège au sens où :

- Il cherchera « à connaître ce que les acteurs *[de son environnement]* connaissent eux-mêmes, à voir ce qu'ils voient, à comprendre ce qu'ils comprennent... Il s'agit d'accéder aux significations accordées par les membres aux éléments sociaux » *(G. Lapassade,* Les microsociologies, *Éd. Anthropos, 1996). En tant qu'observateur, il faut être capable de se mettre à la place de l'autre.*

- C'est à partir de cette connaissance des motifs, des intérêts, des logiques d'action des uns et des autres (individus ou groupes de son environnement) qu'il peut être utile (au service des individus ou des groupes), à condition d'être pédagogue, dans sa position éducative, pour favoriser l'analyse par les acteurs eux-mêmes de leur propre réalité et des stratégies qu'ils veulent choisir pour la changer.

- C'est en ce sens que l'on peut désigner l'animateur professionnel comme un praxéologue, c'est-à-dire comme un praticien qui est informé de son action par une théorie, issue de l'expérience et de la réflexion sur celle-ci. L'action informe et transforme la théorie dans une relation dialectique. La praxis est une action articulée à une stratégie, face à une situation-problème que l'animateur doit résoudre, tel un praticien-chercheur, selon l'idée dominante que les problèmes pratiques sont des problèmes dont on ne trouvera la solution qu'en agissant. La praxéologie, science de la praxis, *est un discours sur l'action et pour l'action, à la croisée de la recherche-action et de l'ethnographie.*

On peut faire comprendre cette orientation à partir de l'analogie avec le jeu de cartes proposée par le sociologue belge E. Jacques et adaptée ici à l'objet animation. Au premier niveau l'animateur informe les joueurs volontaires pour qu'ils puissent jouer. Il leur permet ainsi la connaissance des règles du jeu social, des procédures. Cette sorte de fonction de facilitation est un processus éducatif permettant l'accès au symbolique, à un système de signes, à un cadre de références. Au deuxième niveau, les acteurs/joueurs peuvent maximiser leurs gains dans le jeu et par le jeu. L'individu ou le groupe joue : il s'agit là d'une fonction de production, d'un processus d'accès à la réalité, d'un processus d'action et d'implication par l'introduction d'un calcul et d'une stratégie. Au troisième niveau, les joueurs peuvent, dans certaines circonstances et sous certaines conditions, changer les règles du jeu. L'individu ou le groupe perçoit alors la nécessité et l'opportunité du changement. Il s'agit là d'une fonction d'élucidation, c'est-à-dire d'un processus d'accès à l'imaginaire vers le changement social, impliquant la création d'une identité spécifique, s'exprimant dans la différence, voire l'opposition et le conflit, vers le compromis avec les autres acteurs de l'environnement.

Les trois pôles de la modélisation

L'intérêt de cette analogie est en particulier de s'écarter des schémas explicatifs de l'animation professionnelle qui tendent à ramener, chacun pour leur part, à l'unicité par la survalorisation du système ou celle du sujet. Pour rendre compte donc d'une approche qui reste celle de l'unité et de la diversité du monde de l'animation, il est possible d'articuler l'analogie évoquée avec le concept de modélisation, défini de la façon suivante par J.-L. Lemoigne : « *Action d'élaboration et de construction intentionnelle, par composition de symboles, de modèles susceptibles de rendre intelligible un phénomène perçu complexe, et d'amplifier le raisonnement de l'acteur projetant une intervention délibérée au sein du phénomène ; raisonnement visant notamment à anticiper les conséquences de ces projets d'actions possibles* »[23]. La modélisation à venir, pour tenter de résoudre la question de l'identité plurielle de l'animateur professionnel, doit superposer la notion d'enjeux à celle de finalités, à propos de l'animation.

C'est ce qui donne sens aux situations d'animation et permet de dépasser le clivage issu de l'analyse fonctionnaliste. Rien n'est jamais définitivement joué, et il y a toujours une marge de manœuvre, une part d'« *indécidabilité* » entre changement et ordre social[24]. Cette hypothèse permet de poser dorénavant de façon nouvelle la question de la fonction de l'animateur sous la forme de la stratégie qu'il tente de définir et d'élaborer avec plus ou moins de perspicacité et qu'il essaie de mettre en œuvre avec plus ou moins de force pour jouer sur les « marges » des situations auxquelles il est confronté et dans lesquelles il agit là et au moment où les choix sont possibles. C'est cette compétence stratégique qui conditionne les changements plus ou moins significatifs qu'il peut éventuellement contribuer à produire.

Voilà ce qui semble être un des objectifs principaux de toute formation à l'animation : l'acquisition de cette capacité d'analyse et de compréhension des modèles de stratégie doubles, voire multiples, qui, sur le terrain professionnel, se croisent, s'enchevêtrent, s'opposent ou s'allient. L'animateur doit apprendre à louvoyer, à jouer, à occuper un rôle, avec ce qui fait qu'il y a du jeu, de la marge, du mouvement, articulant, dès que cela est possible, l'animation à valeur d'usage (de l'ordre des activités) et celle à valeur d'échange (de l'ordre de l'action).

---

[23] LEMOIGNE, J.-L., *La modélisation des systèmes complexes*, Paris, Dunod, 1990.
[24] BAREL, Y., *Le paradoxe et le système*, Presses Universitaires de Grenoble, 1989.

L'animateur devient alors un stratège au sens où il est alors capable de combiner, c'est-à-dire de réunir, de calculer, d'organiser, y compris des combines, réalisant ainsi un savant dosage de combinaisons où l'art de la ruse a sa place. Un professionnel de l'animation doit aborder son territoire comme un espace où se confrontent des acteurs, dont les logiques d'action se jouent dans un réseau de contraintes et de ressources dans un champ traversé par ces logiques et structuré selon des appartenances et des références qui sont celles des acteurs concernés (groupes, organisations, institutions).

La participation des hommes, la recherche de relations directes entre les acteurs, une stratégie de reconquête des solidarités et de développement du progrès social, une meilleure connaissance des enjeux, supposent à la fois des principes, de la conviction et des habiletés techniques polyvalentes. Mais le fait de développer des stratégies relève d'une capacité plus sociale que technique, car elle exige de réunir tous les réseaux indispensables pour faire face aux nouvelles demandes des populations, de posséder les informations nécessaires et de susciter les alliances adéquates pour une issue positive.

Voici les trois pôles de la modélisation proposée : historiquement, le premier pôle apparu est celui de la militance (jusqu'aux années soixante), puis celui de la technique par l'acquisition de formations qualifiantes (à la fin des années soixante), et enfin le pôle de la médiation (comme compétence stratégique pertinente dans les années quatre-vingt et suivantes).

L'approche offerte par l'analogie avec le jeu de cartes (fonction d'élucidation, fonction de production, fonction de facilitation) peut donc être croisée avec les trois pôles qui synthétisent les caractéristiques fonctionnelles de l'animateur professionnel selon le modèle proposé dans le schéma triangulaire suivant :

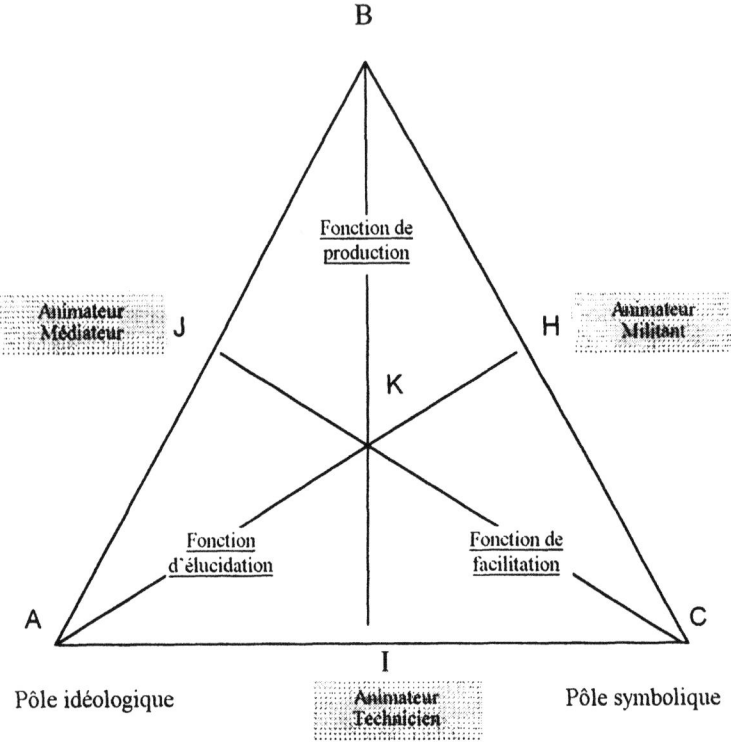

- •3 pôles : idéologique, économique, symbolique.
- •3 modèles professionnels :

- À partir du sommet A, prolongé par l'axe AH, se positionne *l'animateur militant* : c'est celui par lequel, dans une opération de dévoilement (la fonction d'élucidation), s'opère la conscientisation des populations. Il est idéologiquement engagé, défendant une ou plusieurs causes : mais ceci n'est peut-être qu'une apparence qui cache une volonté de pouvoir, pour lui-même ou pour son groupe idéologique d'appartenance. Les valeurs humanistes (autour des idées de justice ou de liberté) qu'il prône visent aussi à satisfaire ses propres intérêts, avec sa propre vision du monde, tenue pour vraie. C'est un professionnel de type charismatique relevant d'un agir proche d'une logique de rédemption (racheter les esclaves pour les rendre libres).

- À partir du sommet B, prolongé par l'axe BI, se positionne *l'animateur technicien* : c'est celui par lequel, dans une opération d'instrumentation (la fonction de production), s'opère la recherche de l'efficacité, de l'efficience, dans une fidélité stricte à l'employeur. Technicité et rationalité, recettes et méthodes vont l'inscrire dans une démarche où priment les objectifs opérationnels et les résultats évalués, les effets plus que les intentions, les moyens plus que les fins, les programmes plus que les projets. La remise en cause des rapports sociaux ne fait pas partie de sa logique professionnelle, de type purement fonctionnaliste et dépendante de politiques souvent clientélistes, dont il est la simple courroie de transmission.

- À partir du sommet C, prolongé par l'axe CJ, *l'animateur médiateur* : c'est celui qui recherche des procédures, des temps et des lieux permettant la rencontre, la communication, le débat, la transaction entre les acteurs de son environnement (la fonction de facilitation). L'action qu'il choisit de mener est fondée sur la nécessité de créer du lien, en aidant chacun (groupe ou individu, institution ou association) à se comporter de façon autonome, solidaire et responsable. Il développe sa mobilité apte à favoriser sa reconnaissance par les divers partenaires. C'est un professionnel de type interactif, capable de construire des réseaux et des médiations en formulant les problèmes rencontrés dans des termes qui soient perceptibles et acceptables par des groupes séparés, vers un système symbolique et vécu en commun. Il est donc plus un « médiacteur », un opérateur de médiations qu'un réel négociateur : il favorise la négociation mais ne la maîtrise pas.

- Au point K, point équidistant du triangle équilatéral ABC, se trouve un animateur théorique, en capacité de mettre en action de façon égale dans une situation S, à un moment M, les trois fonctions de production, de facilitation, d'élucidation.

- Tous les autres points à l'intérieur du triangle vont déterminer des positions différentes de l'animateur dans cette répartition des sous-fonctions d'animation (mais en sachant que la somme des hauteurs partant de ce point est toujours égale sur le modèle suivant : BI = AH = CJ = KI + KJ + KH).

Il n'y a donc pas d'opposition irréductible entre demande de loisirs individualisés dans des activités technicisées et actions collectives favorisant la prise en charge des habitants par eux-mêmes, entre souci du lien social et émergences de valeurs en référence aux idéaux historiques de l'animation, entre lien économique avec la société productive dans les politiques d'insertion par exemple et lien politique dans la citoyenneté à développer dans une démocratie locale, entre nécessité de favoriser l'utilité sociale d'inclus dans la société mais d'exclus du travail par des pratiques culturelles favorisant l'insertion sociale. La logique d'une qualité de services ou de prestations n'implique pas forcément une soumission exclusive à la logique du marché.

Il en résulte bien sûr de la complexité dans l'exercice professionnel. Selon les situations, les circonstances, les moments et les lieux, les rapports de force entre acteurs et agents sociaux et individuels existant dans son environnement, l'histoire collective du territoire géographique ou institutionnel dans lequel il agit, selon sa formation, ses expériences, sa mémoire et son intelligence, selon aussi sa compétence stratégique, c'est-à-dire à la fois la compréhension des enjeux multiples qui traversent son paysage professionnel et la nécessaire adaptation des moyens aux fins, selon les contraintes qui vont peser sur lui, liées par exemple à son contrat de travail, selon les ressources et réseaux dont il dispose ; enfin, selon la détermination, la volonté, la motivation qui sont les siennes et qui sont des éléments non négligeables de sa crédibilité, l'animateur professionnel devra sans cesse modifier sa position dans le triangle, sans jamais perdre de vue que la fonction d'animation qui est la sienne suppose, globalement, et sur le long terme, une articulation dialectique de ces trois sous-fonctions qui se nourrissent l'une l'autre : elle donne un sens politique à l'ensemble par la construction de la reliance qui font, d'un ensemble d'individus, une société.

C'est cette articulation qui permettra de mesurer la capacité d'expertise de l'animateur professionnel dans son champ d'intervention et établira une discrimination qualitative parmi les différentes catégories de professionnels.

De l'animateur de terrain à l'ingénieur social et culturel.

Du point de vue de l'exercice de la profession d'animateur, des distinctions classiques sont repérables entre différentes catégories selon les postes qu'ils occupent. On parle par exemple d'animateurs spécialisés autour d'un public (enfance, personnes âgées, handicapées, etc.) ou autour d'une discipline technique dans un atelier (sportif, artistique, environnemental, etc.) : ils relèvent d'un champ pédagogique. Ils seront encadrés par des animateurs responsables dans des fonctions de direction, de communication, de coordination ou de gestion, assimilés plutôt à un champ organisationnel et décisionnel.

On rencontre aussi la séparation établie entre le spécialiste qui serait un animateur se consacrant à un domaine déterminé d'activités ou de connaissances et le généraliste qui serait capable de mettre en œuvre, tel un « omnipraticien », un projet qui concerne l'ensemble de son champ d'action et suppose une connaissance plus universelle du territoire ou de l'espace cadrant son intervention.

Ces repères contiennent leur part de vérité. Entre le praticien de terrain et l'ingénieur social et culturel, toute une palette de positions sont possibles, qui ont un rapport, notamment, avec la qualification, l'expérience et les tâches de chacun d'entre eux, même si par ailleurs on peut concevoir que tous, peu ou prou, vont se rassembler autour d'exigences de bases communes, sorte de tronc commun d'un corpus de connaissances et de savoir-faire qui rassemblerait animateurs généralistes, animateurs d'équipements et animateurs d'activités : des compétences générales dans la finalité globale de la fonction d'animation, telles que savoir diagnostiquer (étudier un milieu, repérer des enjeux, détecter des dynamiques), savoir organiser, savoir éduquer vers la responsabilisation de l'usager ou pratiquant pour lui permettre de réaliser son projet à travers une activité donnée, dans un processus de construction d'une autonomie individuelle et collective ; des compétences plus spécifiques et techniciennes qui sont plutôt assimilables à la pratique d'une activité nécessitant un processus de transmission de savoir : c'est le schéma que propose par exemple la DRJS Île-de-France : « *La démarche d'animation consiste en la mobilisation de compétences générales et spécifiques autour d'un projet d'autonomisation et de socialisation d'un groupe d'individus, en rapport avec le milieu et leur environnement, à partir d'une activité (socioculturelle, sportive ou autre) ou d'un ensemble d'activités qui sert de support et de moyen au projet proprement dit.* »[25] Pour ce faire, ajoute le rapport, il y a nécessité d'une connaissance théorique et pratique des différents publics et des compétences spécifiques : sportives, culturelles, scientifiques, techniques ou ludiques...

Mais il faut aller plus avant pour tenter de mieux caractériser ce qui peut constituer la professionnalité : à prolonger la distinction entre généralistes et techniciens, on risquerait de séparer les animateurs du monde du savoir et ceux du monde de l'action. Le discriminant est ailleurs. Il tient par exemple à la qualité de l'expertise de chacun dans l'interaction justement entre ces deux domaines, appelée compétence stratégique. Cette hypothèse signifie que c'est par l'articulation entre quatre axes que la compétence d'ingénierie peut se construire pour les animateurs professionnels : un raisonnement sur une situation à décrire, à

---

[25] Voir note 17, p. 148.

comprendre, en prévoyant son évolution en fonction des actions qu'ils projettent d'exercer sur elle et des compromis et transactions qu'elles impliquent ; des objectifs, c'est-à-dire ce qu'ils cherchent à obtenir, à modifier, à créer, à changer en intégrant les ressources et les contraintes ; des décisions, c'est-à-dire opérer des choix déterminés entre plusieurs hypothèses d'action en fonction du niveau et de la hiérarchie des enjeux ; une éthique, c'est-à-dire des valeurs philosophiques, morales ou politiques, coagulées autour de leur fonction sociale de médiation favorisant la rencontre de groupes différents, l'expression des sans-voix et la participation des oubliés de la société dominante.

Le concept de stratégie signifie l'art de diriger un ensemble de dispositions, relevant du domaine de la décision et de la direction, en tenant compte donc des enjeux de pouvoir, par rapport à l'organisation interne (entre bénévoles et professionnels par exemple dans une association), et par rapport à l'environnement extérieur (ce qui oblige à se référencer à l'analyse systémique). L'enjeu de reliance va donner un sens à ces rapports de pouvoir pour l'animateur, constituant le pivot de son identité professionnelle, sinon il ne serait là que pour le plaisir du jeu[26].

L'analyse opérée par l'animateur construit donc la compétence autant que la pratique de l'activité par une véritable réorganisation des connaissances (déconstruction/reconstruction) qui renvoie aux travaux sur l'importance de la réflexivité en ce domaine[27] et à ceux sur le praticien réflexif[28]. L'intelligence stratégique de l'animateur, sa compétence d'ingénierie sera mesurable en relation à sa représentation intellectuelle des situations sur lesquelles il agit, lui permettant à la fois d'en décomposer et d'en recomposer les interactions qui régissent les relations de ces éléments.

---

[26] Voir note 22, p. 155.
[27] VYGOTSKI, L.S., *Pensée et langage*, Paris, Terrains-Éd. Sociales, 1985.
[28] SCHÖN, D.A., *Le praticien réflexif : à la recherche du savoir caché dans l'agir professionnel*, coll. Formation des maîtres, Québec, Éd. Logiques, 1994.

Reconnaître une compétence pour les professionnels de l'animation suppose en conséquence tout un travail de recherche sur la dynamique qu'ils mettent en jeu dans leur construction : comment articulent-ils conceptualisation, action et sens ? Comment élargissent-ils leur champ d'intervention par application à des situations différentes et plus complexes ? Comment se construit leur expertise face à des situations de moins en moins prévisibles ?

Une réponse à ces questions allant vers plus d'articulation entre agir et savoir chez les animateurs professionnels rend plausible l'hypothèse de la construction, dans le champ qui est le leur, d'une intelligence, c'est-à-dire d'une véritable aptitude à résoudre des problèmes et, préalablement, à les voir et à se poser à leur sujet les bonnes questions. Cette compétence stratégique devient, plus qu'une simple méthodologie, une réelle intelligence organisatrice lorsqu'elle mobilise et articule des capacités qui alors la servent et lui donnent sens en même temps. Capacités techniques pour fournir des services de qualité, capacités méthodologiques dans l'organisation de son travail, capacités relationnelles dans les interactions dynamiques avec les autres acteurs (savoir-faire et savoir-être dans le savoir échanger), capacités culturelles par une enquête de terrain permettant de repérer les différences de valeurs et de stratégies en présence (savoir lire son environnement et l'interpréter), capacités symboliques pour produire du sens (savoir créer et savoir imaginer), capacité pédagogique dans le fait d'expliquer les méthodes utilisées dans telle ou telle situation (savoir transmettre), capacité d'animer une équipe (savoir manager), capacité d'auto-formation permanente, capacité à élaborer une éthique (les valeurs), etc. Être stratège, c'est donc effectuer le lien entre les objectifs et les moyens, entre la réalisation imaginaire et la réalisation effective, entre l'anticipation et l'action, entre la valeur théorique de l'une et la valeur pratique de l'autre, entre l'avenir et le présent, entre un avenir poursuivi et un avenir préparé : il s'agit là d'une « utopie réaliste », articulant le comment et le pourquoi de l'action.

L'intelligence stratégique : étude de cas

Un animateur chevronné, responsable d'une action d'insertion pour des publics en difficulté, décroche un marché auprès d'une municipalité dans une vallée pyrénéenne. Il s'agit de nettoyer une rivière et ses berges (ramassage des déchets, tri et calibrage des bois, etc.), au début d'une période estivale.

Le maire propose d'héberger dans le camping municipal l'équipe chargée de ce travail.

Lors de l'arrivée du groupe au jour dit, l'animateur, dès les sacs posés sur les emplacements des tentes, se voit interpellé par le gérant du camping municipal qui n'apprécie pas que ce groupe soit composé de « gris et de noirs» (à l'image du quartier populaire dont il est issu, où l'implantation de l'immigration maghrébine et africaine est importante). L'animateur refuse les propos à forte connotation raciste, se propose de les faire connaître au maire, rappelle que toutes les personnes présentes sont de nationalité française, qu'aucun client dans le camping ne semble manifester une quelconque hostilité et que, pour finir, ils sont eux aussi des clients payant leur place.

Les tentes sont rapidement montées malgré l'hostilité inefficace du gérant et l'on passe immédiatement au travail : on sort les tronçonneuses, les treuils, les combinaisons pour se protéger de l'eau fraîche de la rivière venant de la montagne.

Ce rythme dure toute la journée : la tâche est physiquement rude et chacun des locataires du camping peut ainsi observer et se rendre compte de la motivation et de l'engagement de tous. On discute, on s'interroge, on échange, on porte à boire et à manger aux travailleurs, on approuve ce type d'initiative contre le chômage, on se félicite de cette jeunesse qui n'est pas tant oisive que l'on veut parfois le dire, etc. Il y a même un commissaire des renseignements généraux à la retraite qui, ayant sa maison mitoyenne du camping, vient encourager le groupe en apportant sa part du boire et du manger.

Le soir, la curiosité de chacun est satisfaite, le travail bien avancé, les liens tissés, la confiance établie. Le responsable du camping revient alors à la charge et essaie à nouveau de faire écarter les jeunes qu'il refuse dans son camping. En retour, l'animateur lui explique le déroulement de la journée et termine par une menace : celle de réaliser en quelque sorte une assemblée générale des touristes installés pour les informer de l'attitude du gérant. L'enjeu est trop risqué, le responsable municipal sent qu'il perd la maîtrise de la situation et cède silencieusement.

La situation se déroule pendant 15 jours dans les mêmes conditions de rapports sociaux favorables et, avant le départ du groupe, l'animateur organise un pot d'adieu rassemblant touristes, autorités municipales, jeunes, propriétaires des terrains bordant la rivière... et le gérant. C'est la fin d'un chantier et d'histoires de vie passionnantes.

Question : Quels sont ici les traits principaux qui caractérisent l'intelligence stratégique de l'animateur ?
Réponse : Une bonne perception des enjeux (éthiques, politiques, pédagogiques, économiques) ; une capacité à isoler l'adversaire dans une situation donnée et à chercher des alliés, une capacité à légitimer une action par l'exemple dans une société où le travail reste une valeur de référence (y compris pour des touristes !) ; une compétence technique dans l'organisation de la tâche et d'un contrat dans le cadre du marché ; une compétence psycho-pédagogique dans la gestion d'un groupe de jeunes ayant une opportunité à saisir pour se valoriser à ses propres yeux et aux yeux de l'environnement ; une aptitude à l'action directe visant à mettre devant le fait accompli ; une motivation pour la communication avec autrui et la recherche de l'établissement de liens.

L'intelligence stratégique, c'est en définitive une articulation (construite dans le temps et l'espace) entre des capacités à faire qu'on appelle des compétences, c'est-à-dire *« une incorporation de démarches, de procédures, d'informations de toutes natures dans les manières de raisonner, les manières d'agir, les manières de ressentir, les manières d'imaginer même de protester, etc., le processus d'incorporation étant lui-même le produit de l'action»*, comme l'explique Y. Minvielle[29].

La façon d'agir de chacun va dépendre du contexte, de son histoire, de la force de coopération dans les actions passées, de l'image de l'institution, des intérêts de chacun des protagonistes, du lien de l'association avec la population du secteur. C'est là qu'intervient l'animateur-stratège : la force de son expérience et de sa conviction, la profondeur de son enracinement local et de ses réseaux, les services qu'il a rendus, les situations qu'il a débloquées – toute demande extérieure ayant en quelque sorte à un moment

---

[29] MINVIELLE, Y., « Compétences » et « Construire la notion de compétence ? », *Pour*, n° 160, décembre 1998.

ou à un autre sa possible contrepartie – sont des variables déterminantes dans la légitimité de son action et, en conséquence, dans sa future capacité d'action et sa marge de manœuvre. Il peut aussi envisager que certaines contraintes puissent être retournées en ressources : la médiatisation, si elle est positive, renforce la position de celui qui est soumis au regard des autres, vers plus de reconnaissance de son utilité sociale. La coopération entre divers secteurs d'une association décuple les forces mises en jeu.

Cette habileté pour l'animateur à élaborer des scenarii et à ouvrir des perspectives par le jeu de son intelligence stratégique est une véritable compétence, c'est-à-dire un ensemble de comportements mis en œuvre dans la réalité concrète et quotidienne de son travail, permettant une intervention moins aléatoire par l'articulation intégrée d'aptitudes, de traits de personnalité, de savoir et de savoir-faire. Une compétence est un trait d'union entre caractéristiques individuelles et qualités requises pour mener à bien des missions professionnelles. Elle est donc autant dynamique que stratégique, se développe de façon permanente au cours de la vie active et professionnelle, devient une pratique peu à peu maîtrisée et seules les expériences de terrain permettent de construire des compétences dès lors qu'elles comportent difficultés, défis, responsabilités : elles permettent d'apprendre à apprendre[30] (et le cadre de la formation continue est le plus fructueux, à coup sûr, dans cette construction et cet apprentissage).

En résumé, la fonction de médiance de l'animateur, opérateur de médiations, est une expression concrète de cette compétence que l'on peut désigner comme générique, sorte de caractéristique de sa catégorie et non simple attribut individuel : il y aura alors accumulation d'un patrimoine collectif et d'une culture professionnelle (Y. Minvielle, *op.cit.*). On peut l'appeler l'intelligence stratégique des si-

---

[30] LÉVY-LEBOYER, C., *La gestion des compétences*, Paris, Les Éditions d'organisation, 1996.

tuations : elle signifie un lien entre connaissance et action ; elle intègre savoir, savoir-faire et savoir-être ; elle est conceptuelle et pratique, transversale ; elle suppose une fluidité de comportements ; elle permet de savoir lire entre les lignes, de percevoir et de comprendre les enjeux, de construire des liens pour résoudre des problèmes. Cette habileté, cette adresse, cette ingéniosité, voire cette ruse, n'existent qu'en situation, avec un contexte, des interactions, des rapports de force.

L'animateur, ingénieur social et culturel, met en place, avec l'aide des animateurs de terrain, des animateurs techniciens ou spécialisés, des dispositifs de médiation :
- à caractère relationnel, par la construction et l'utilisation d'espaces et de temps permettant la rencontre de groupes de populations et d'autres acteurs ;
- à caractère organisationnel, par la communication, la circulation de l'information, les actions communes ;
- à caractère symbolique, par les fêtes, les manifestations conviviales, les moments de créativité ;
- à caractère institutionnel, par l'établissement de relations (groupe de populations, experts, décideurs) vers une négociation pour une prise de décision.

La mise en œuvre de la fonction de médiation permet la réintroduction du politique dans le champ social et culturel, avec des effets qui, assurément, restent à la marge sur le ou les centres et sont plutôt pertinents dans les trous et les interstices. Oublier cette dimension modeste de l'action des professionnels de l'animation reviendrait à dédouaner les élus, les chefs d'entreprise, les administrations et toute une société de leur part respective de responsabilité dans le nombre sans cesse croissant des exclus du savoir, du pouvoir et de la richesse.

CONCLUSION

> « S'il n'existe pas, à un moment, de croyance à la réalité de l'impossible, à l'expression des souhaits les plus irraisonnés, alors aucune parole vraiment neuve n'a de chance d'être proférée. »
> Eugène ENRIQUEZ

Le paradoxe, c'est qu'entre éducation populaire et animation socioculturelle, il y a à la fois continuité et rupture. Cette situation renvoie aux mutations de la société française, pendant la dernière moitié du XXe siècle.

La filiation entre éducation populaire et animation

La recherche d'une société meilleure dans laquelle la citoyenneté responsable ferait accéder les exclus à la démocratisation du pouvoir et du savoir, la volonté de développer l'intelligence et la sensibilité, le désir d'agir sur le monde en le transformant sont des finalités et des valeurs, des représentations, bref une culture commune à l'éducation populaire et à l'animation socioculturelle.

L'animation socioculturelle est donc bien fille de l'éducation populaire dans sa recherche d'une possibilité de culture pour tous : elle est un système, résultat d'une sédimentation historique de périodes et d'actions successives qui associent les mouvements d'éducation populaire, des équipements, des associations et des dispositifs socioculturels.

Sa nouveauté est peut-être d'avoir apporté une réflexion et une pratique pédagogique portant sur un approfondissement de la démocratie, dans le contexte des années soixante, qui a ébranlé les modes traditionnels d'autorité. La montée en puissance des jeunes et de la notion de jeunesse n'est pas étrangère à ce phénomène de contestation.

La qualité de l'intervention sociale et culturelle n'est plus alors liée au seul facteur de la présence bienfaisante du bénévole ou du militant : à la philosophie de la vocation s'ajoute une pédagogie nouvelle, autour de pratiques organisées et de formations conséquentes. Le temps des animateurs professionnels est ouvert.

Désormais toute organisation liée à l'éducation populaire, consciente de sa finalité et de son efficacité, doit réfléchir sur ses structures, sur son adaptation à l'action, sur son pouvoir auprès des groupes de population, non plus pour lesquelles elle travaille, mais avec lesquelles elle construit son projet.

En même temps, il n'est pas question de nier l'affaiblissement des réseaux de socialisation de l'avant et de l'après-guerre, la montée en puissance des prestations de services, le temps venu de la gestion des équipements, des dispositifs et des programmes, des pressions politiques et financières, en particulier depuis les lois de décentralisation. La légitimation était à ce prix, mais l'institutionnalisation du social est inévitable et permanente, « *compromis nécessaire sans lequel il ne saurait y avoir de société* »[1]. Les agents d'ambiance ne sont-ils pas autre chose que la reconnaissance par exemple de « grands frères » et peut-être de « grandes sœurs » qui s'occupent bénévolement des plus jeunes, rétifs à l'autorité parentale ou privés d'elle ? Un métier peut surgir souvent de cette reconnaissance de l'utilité d'une fonction sociale antérieurement volontaire.

Mais n'oublions pas que dans un contexte où les processus d'individuation (« *la société des individus* », dont parle Norbert Elias) ont du mal à favoriser les démarches collectives et où les idéologies du progrès sont désormais largement perçues comme obsolètes, les redéfinitions de la citoyenneté sont devenues nécessaires. Les temps sont in-

---

[1] AUTHIER, M., HESS, R., *L'analyse institutionnelle*, Paris, PUF, Coll. Que sais-je ?, 1981.

certains, le savoir et la culture sont devenus plus que jamais des marchandises et les formes traditionnelles de la solidarité largement questionnées. L'animation (bénévoles et professionnels en commun) correspond à ce temps de nouvelles pratiques, plus pragmatiques, moins globalisantes autour de réseaux de proximité. Elle tente non plus seulement de se poser uniquement les questions des valeurs et du pourquoi, mais aussi celles des moyens et du comment, dans une façon plus réaliste d'imaginer l'avenir.

Animation et utopie

Près de quarante ans ont passé depuis l'apparition des professionnels de l'animation, pionniers d'une nouvelle catégorie de salariés, défricheurs d'utilités sociales innovantes, parfois cobayes de ce passage d'une phase de bénévolat dominant à une phase de coopération nouvelle entre employeurs, employés et publics.

En même temps, de nouveaux secteurs d'intervention ont été investis, le champ de l'animation ne se limitant plus au seul temps du loisir ou au temps non contraint de la culture et du développement personnel : insertion, formation, handicap, économie sociale, tourisme et aménagement local sont quelques-uns des centres d'intérêt qui constituent les nouvelles frontières de l'animation. Il ne faut point cacher que, parallèlement à cette dynamique, de nombreuses contraintes pèsent sur le présent et l'avenir, telles que les dérives gestionnaires, mercantiles, ou bien la prégnance des politiques publiques et des élus territoriaux. Des missions éducatives peuvent donc se diluer dans une forme de passivité, voire de démission.

Parallèlement, on voit bien que l'accroissement continu du nombre de professionnels, des associations et groupements (même si, de façon générale, ils ne sont plus fédérés), des publics participant aux activités (tantôt comme consommateurs, tantôt comme acteurs) est un signe des temps,

temps, en correspondance avec l'évolution des comportements des acteurs sociaux.

Pourquoi en est-il ainsi ? Tout simplement parce que le champ de l'animation est encore un des rares lieux où, malgré les contraintes, les ressources de la liberté peuvent être présentes dans les têtes de ceux qui y participent. L'animation est potentiellement inventive, créative, imaginative, et parfois encore irrespectueuse de l'ordre établi. C'est en ce sens qu'elle est un « des-ordre » fructueux, c'est-à-dire l'appel à un autre ordre social, plus juste, plus démocratique et aussi plus festif. Autant de raisons qui expliquent l'intérêt de toute une partie de la jeunesse et même des moins jeunes pour les activités et les actions culturelles, sociales et sportives qu'elle organise, même si en même temps des pratiques différentes se font jour en dehors des institutions officielles de la culture, du social et du sport. Aux animateurs d'être attentifs à ces évolutions de la société pour qu'informel et formel, institué et instituant, communiquent, transigent, échangent, même si cela peut ou doit passer par la conflictualité pour aboutir. Celle-ci suppose des qualités de courage et de ténacité, couplées à une maîtrise de compétences : les deux, contrairement au stéréotype de la vocation, se construisent avec patience.

Le fait que tant de jeunes de toutes les couches sociales (et plus seulement des couches moyennes comme hier) désirent devenir aujourd'hui animateurs professionnels est aussi un fait à observer (même si par ailleurs le marché de l'emploi n'est pas prêt à ce jour à accueillir tous les demandeurs dans des statuts solides et pérennes). Le secteur est attractif et garde son image de vitalité.

C'est une des raisons qui autorise à apparenter l'animation à une utopie encore porteuse d'avenir en ce début du troisième millénaire. L'origine la plus connue du mot utopie est : « *qui n'est nulle part* » ; on oublie l'autre origine qui signifie : « *le lieu où l'on est bien* ».

Ce qui au XIXe siècle étant encore irréel, le temps libre dépassant le temps de travail, est aujourd'hui possible et bien réel : le sommeil excepté, le temps libre est le premier poste, derrière les activités domestiques, le temps de travail étant en 4e position. Ce dernier n'est donc plus le seul fondement du lien social et le temps libre permet la représentation d'un avenir qui, sans être une réalité d'aujourd'hui, peut un jour advenir : celui de la production de sens, de civilité et de citoyenneté.

Les difficultés individuelles et collectives que beaucoup de personnes subissent dans les sociétés développées n'empêchent pas l'évolution générale de l'aspiration fortement affirmée de nos concitoyens à une organisation sociale permettant la réappropriation de soi, après la recherche de l'appropriation des objets de consommation. L'espérance d'une vie allongée, en bonne santé, les nouvelles technologies soulageant des pesanteurs du travail productif et industriel, accompagnent ce mouvement sociétal : les projets d'animation doivent saisir ces opportunités.

Bien sûr, des résistances multiples se manifestent encore pour empêcher ces transformations sociales et culturelles ou bien les marchandiser dans des pratiques falsificatrices et aliénantes. L'animation, qui participe de cet appel à libérer les dynamiques humaines et les aspirations vers un monde meilleur, invite chacun à s'alléger des fardeaux du présent. Elle a montré depuis près d'un demi-siècle sa capacité à ne pas être seulement ou essentiellement spéculative.

Il faut dire en même temps que l'animation reste marginale dans ses effets, tant que les défis concernant la société ne seront pas traités à la hauteur des enjeux actuels : une démocratie à redéfinir, des inégalités à réduire, une économie à soustraire du carcan d'un ultra-libéralisme économique et financier. Elle participe d'une dénonciation de la légitimité d'un monde qui a parfois la tête à l'envers et elle offre un espace d'imagination réaliste. Elle n'est pas un mouvement produit par des fantaisistes, des illusionnistes, des marchands de rêve. Elle est potentiellement une médiation mobilisatrice entre la réalité environnante et une conscience critique : « *un état d'esprit est utopique quand il est en désaccord avec l'état de réalité dans lequel il se produit* »².

Ce désaccord est pour les animateurs professionnels ni une régression psychologique (fuir la réalité), ni historique (aspirer à un retour au mythologique bonheur passé), ni politique (refuser les transformations sociales). L'animation est un lieu d'expérimentation culturelle, préoccupée par les contingences de l'histoire réelle et des nécessités de la conjoncture. L'animateur devient un homme d'action, un stratège, un homme de la *praxis*, sans illusion sur le monde, donc lucide mais persévérant dans l'espérance.

Alors, aux côtés du philosophe et du scientifique, il « *permet de fonder un utopisme réaliste, aussi éloigné du volontarisme irresponsable que la résignation scientiste à l'ordre établi* »³.

---

² MANHEIM, K., *Idéologie et utopie*, Paris, Rivière, 1956.
³ BOURDIEU, P., « Sciences sociales et démocratie », *Nouveau Manuel. Sciences économiques et sociales*, Sous la direction de P. Combemale et J.-P. Piriou, Paris, La Découverte, p. 673-674, 1996.

Annexes

ANNEXE 1

CHAMP DE L'ÉTUDE DADS
NOMENCLATURE DES ACTIVITÉS FRANCAISES
(nouvelle nomenclature APE, dite NAF, en vigueur depuis 1993)

	Effectifs salariés France entière	Total 1993	Total 1996
*552 A	Auberges de jeunesse et refuges	386	779
552 C	Exploitation de terrains de camping	7 558	6 659
*552 E	Autre hébergement touristique	29 129	30 871
552 F	Hébergements collectifs non touristiques	11 394	12 050
853 C	Accueil des adultes handicapés	39 040	45 616
853 D	Accueil des personnes âgées	54 067	70 994
853 E	Autres hébergements sociaux	12 896	15 760
*853 G	Crèches et garderies d'enfants	21 375	23 350
853 H	Aide par le travail, ateliers protégés	61 854	66 380
*853 K	Autres formes d'actions sociales	163 544	177 113
*913 E	Organisations associatives n.c.a	189 226	210 863
*923 D	Gestion de salles de spectacles	20 825	21 880
*925 A	Gestion des bibliothèques	331	434
*925 C	Gestion du patrimoine culturel	5 733	6 559
*925 E	Gestion du patrimoine naturel	473	713
*926 A	Gestion d'installations sportives	14 053	14 026
*926 C	Autres activités sportives	45 281	57 405
*927 C	Autres activités récréatives	16 216	16 179
	TOTAL GENERAL	693 381	777 631

N.B. - Dans un sens plus restrictif du champ de l'animation correspondant aux rubriques précédées d'une étoile (*), le total de salariés passe de 506 572 à 560 172 entre 1993 et 1996.

ANNEXE 2

PROFILS D'EMPLOIS DE L'ANIMATION

source : les emplois de l'animation en Ile-de-France

(note 20 - chapitre 3)

- Assistant-animateur (ou aide-animateur)
- Animateur socioculturel, public jeunes et/ou adultes
- Animateur ou éducateur sportif
- Animateur artistique ou culturel
- Animateur scientifique ou technique
- Animateur enfants
- Animateur-éducateur jeunes enfants
- Animateur-développeur en milieu rural
- Animateur polyvalent en milieu rural
- Animateur-développeur en milieu urbain
- Animateur-éducateur de prévention
- Animateur-éducateur de réinsertion sociale
- Animateur-éducateur de réinsertion professionnelle
- Animateur-éducateur de foyer d'accueil d'urgence
- Animateur-éducateur au sein de résidences pour personnes âgées
- Animateur-éducateur au sein de structures d'accueil de personnes handicapées
- Animateur au sein de services hospitaliers accueillant des enfants
- Animateur-responsable de club de prévention
- Animateur-responsable d'équipement sportif ou socioculturel

ANNEXE 3

LISTE DES SIGLES

ACJF	Association catholique de la jeunesse française
ANPE	Agence nationale pour l'emploi
ASC	Animation socioculturelle
ASH	Actualités sociales hebdomadaires
BAFD	Brevet d'aptitude à la fonction de direction
BAFA	Brevet d'aptitude à la fonction d'animation
BAPAAT	Brevet d'aptitude professionnelle d'assistant animateur technicien
BEATEP	Brevet d'état d'animateur technicien de l'éducation populaire
BEES	Brevet d'état d'éducateur sportif
BTP	Bâtiment et travaux publics
CAPASE	Certificat d'aptitude à la promotion des activités socio-éducatives
CEMEA	Centre d'entraînement aux méthodes éducatives actives
CFMJ	Conseil français des mouvements de jeunesse
CGT	Confédération générale du travail
CHRS	Centre d'hébergement et de réadaptation sociale
CIDJ	Centre d'information et de documentation jeunesse
CLAJ	Comité laïque des auberges de jeunesse
CLSH	Centre de loisir sans hébergement
CNAF	Caisse nationale des allocations familiales
CNAJEP	Comité national des associations de jeunesse et d'éducation populaire
CNFPT	Conseil national de la fonction publique territoriale
CNVA	Conseil national de la vie associative

CODEPSE	Commission départementale pour la promotion des activités socio-éducatives
COREPSE	Commission régionale pour la promotion des activités socio-éducatives
CQP	Certificat de qualification professionnelle
CRAJEP	Comité régional des associations de jeunesse et d'éducation populaire
CREDOC	Centre de recherche pour l'étude et l'observation des conditions de vie
DEA	Diplôme d'études approfondies
DECEP	Diplôme d'état de conseiller d'éducation populaire
DEDPAD	Diplôme d'état de directeur de projet d'animation et de développement
DEFA	Diplôme d'état relatif aux fonctions d'animation
DESS	Diplôme d'études supérieures spécialisées
DGCL	Direction générale des collectivités territoriales
DRAC	Direction régionale des affaires culturelles
DRJS	Direction régionale de la jeunesse et des sports
DSTS	Diplôme supérieur en travail social
DUT	Diplôme universitaire de technologie
ETP	Équivalent temps plein
FFMJC	Fédération française des maisons de jeunes et de la culture
FJT	Foyer de jeunes travailleurs
FONDA	Fondation pour la vie associative
FONJEP	Fonds ministériel pour la jeunesse et l'éducation populaire
FUAJ	Fédération unie des auberges de jeunesse
INJEP	Institut national de la jeunesse et de l'éducation populaire
INSEE	Institut national de la statistique et des études économiques
IRTS	Instituts régionaux du travail social

ISIAT	Institut supérieur d'ingénieurs-animateurs territoriaux
JAC	Jeunesse agricole catholique
JIC	Jeunesse indépendante catholique
JOC	Jeunesse ouvrière catholique
LFAJ	Ligue française des auberges de jeunesse
MIRE	Mission de recherche
MJC	Maison des jeunes et de la culture
MSHA	Maison des sciences de l'homme d'Aquitaine
OPA	Observatoire des professions de l'animation
RMI	Revenu minimum d'insertion
SDF	Sans domicile fixe
SESI	Service des statistiques, des études et des systèmes d'information
STAPS	Sciences et techniques des activités physiques et sportives
UCJF	Unions chrétiennes de jeunes filles
UCJG	Unions chrétiennes de jeunes gens
UCPA	Union nationale des centres sportifs de plein air
UFCV	Union française des centres de vacances
UFOVAL	Union française des centres de vacances laïques
UNCM	Union nationale des centres de montagne
UNEDIC	Union nationale interprofessionnelle pour l'emploi dans l'industrie et le commerce
UNEF	Union nationale des étudiants de France
UNF	Union nautique française
YMCA	Young Men Christian Association
ZEP	Zone d'éducation prioritaire
ZUP	Zone à urbaniser en priorité

REPÈRES BIBLIOGRAPHIQUES

Seuls certains ouvrages proches du sujet traité ont été repris dans cette bibliographie sélective mais le lecteur peut se référer aux nombreux textes signalés dans chacun des chapitres de ce livre.

AUGUSTIN, J.-P., *Les jeunes dans la ville, institutions de socialisation et différenciation spatiale dans la Communauté urbaine de Bordeaux*, Presses Universitaires de Bordeaux, 1991.

AUGUSTIN, J.-P., ION, J., *Des loisirs et des jeunes, cent ans de groupements éducatifs et sportifs*, Paris, Éd. de l'Atelier, 1993.

AUGUSTIN, J.-P., GILLET, J.-C. (eds)., *Quartiers fragiles, développement urbain et animation*, Presses Universitaires de Bordeaux, 1996.

BENSAID, G., *La culture planifiée*, Paris, Seuil, 1969.

Cabinet ITHAQUE. Contrat d'études prospectives de l'animation socioculturelle. Rapport final. Ministère du Travail et des Affaires Sociales. Délégation à l'emploi et à la formation professionnelle. Commission paritaire nationale Emploi-formation de l'ASC (ronéoté), 30 mai 1998.

Centre Inffo., *Se former aux métiers des loisirs*, (2 tomes), Paris, 1997.

CHAUVIÈRE, M., *Enfance inadaptée : l'héritage de Vichy*, Paris, Éd. de l'Atelier, 1980.

CHOLVY, G., *Mouvements de jeunesse chrétiens et juifs : sociabilité juvénile dans un cadre européen 1799-1968*, Paris, Cerf, 1985.

CHOLVY, G. (ed.), *Le patronage, ghetto ou vivier ?*, Nouvelle cité, Paris, 1988.

CHOPART, J.-N., « Produire les solidarités : la part des associations », *MIRE-INFO*, n° 38, juillet 1997.

C.L.A.J., *La bataille des loisirs, les années cinquante*, Nice, Éd. Serre, 1990.

CRUBELLIER, M., *L'enfance et la jeunesse dans la société française. 1800-1950*, Paris, A. Colin, 1979.

DONNAT, O., *Les pratiques culturelles des Français*, Paris, La Documentation Française, 1998.

DUBAR, Cl., *La socialisation. Construction des identités sociales et professionnelles*, Paris, A. Colin, 1992.

DUBET, F., JAZOULI, A., LAPEYRONNIE, D., *L'État et les jeunes*, Paris, Éd. de l'Atelier, 1985.

DUMAZEDIER, J., IMBERT, M., *Espace et loisir*, Paris, C.R.U., 1967.

DUMAZEDIER, J., SAMUEL, N., *Société éducative et pouvoir culturel*, Paris, Seuil, 1976.

DUMAZEDIER, J., *Révolution culturelle du temps libre 1968-1988*, Paris, Méridiens-Klincksieck, 1988.

FERRAND-BECHMANN, D., *Bénévolat et solidarité*, Coll. Alternatives, Paris, Syros, 1992.

FERRIER, E., *Mouvements et organisations de jeunesse en France*, Paris, La Documentation Française, 1972.

GALLAND, O., *Les jeunes*, Paris, La Découverte, 1985.

GILBERT, C., SAEZ, G., *L'État sans qualités*, Paris, P.U.F., 1982.

GILLET, J.-C., *Animation et animateurs. Le sens de l'action*, Paris, L'Harmattan, 1995.

GILLET, J.-C., *Formation à l'animation. Agir et savoir*, Paris, L'Harmattan, 1998.

HUET, A. (ed.), *L'action socio-culturelle dans la ville*, Paris, L'Harmattan, 1994.

HURSTEL, J., *Jeunes au bistrot, cultures sur macadam*, Paris, Syros, 1984.

ION, J., MIÈGE, B., ROUX, A.-N., *L'appareil d'action culturelle*, Paris, Éd. Universitaires, 1974.

ION, J., TRICART, J.-P., *Les travailleurs sociaux*, Coll. Repères, La Découverte, 1998.

ION, J., *Le travail social à l'épreuve du territoire*, Toulouse, Privat, 1991 (Réed. Dunod, à paraître, janvier 2000).

ION, J., *La fin des militants ?*, Paris, Éditions de l'Atelier, 1997.

LABOURIE, R., *Les institutions socio-culturelles*, Paris, P.U.F., 1978.

LAGRÉE, J.-C., *Les jeunes chantent leurs cultures*, Paris, L'Harmattan, 1982.

LANEYRIE, Ph., *Les scouts de France, le mouvement des origines aux années quatre-vingt*, Paris, Cerf, 1985.

LAVILLE, J.-L., SAINSAULIEU, R. (eds), *Sociologie de l'Association. Des organisations à l'épreuve du changement social*, Paris, Desclée de Brouwer, 1997.

LEON, A., *Histoire de l'éducation populaire en France*, Paris, Nathan, 1983.

MAYOL, P., *Les enfants de la Liberté*, Paris, L'Harmattan, coll. Débats/Jeunesses, 1997.

MIGNON, J.-M., *La lente naissance d'une profession, les animateurs, de 1944 à 1988*, Thèse d'histoire, Université de Bordeaux III, 1998.

POUJOL, G., *L'éducation populaire : histoires et pouvoirs*, Paris, Éd. de l'Atelier, 1981.

POUJOL, G., *Profession : animateur*, Toulouse, Privat, 1989.

POUJOL, G., *Guide de l'animation socio-culturelle*, Paris, Dunod, 1996.

Rosa (de), P., *Les Francas d'hier à demain*, Paris, Éd. FFC, 1986.

Roudet, B. (ed.), *Des jeunes et des associations*, Paris, L'Harmattan, coll. Débats/Jeunesses, 1996.

Rouleau-Berger, L., *La ville intervalle. Jeunes entre centre et banlieue*, Paris, Méridiens Klincksieck, 1991.

Sue, R., *Temps libre et ordre social*, Paris, PUF, 1995.

Sue, R., *La richesse des hommes, Vers l'économie quaternaire*, Odile Jacob, Paris, 1997.

Tétard (F.), « Politiques de la jeunesse (1944-66) : paroles de volonté(s), politiques de l'illusion », *in Les jeunes et les autres*, t. II, Éd. du C.R.I.V., Vaucresson, 1986.

Varin, J., *Jeunes comme jeunesse communiste*, Paris, Éd. Sociales, 1975.

Voir aussi :

- La revue *Les Cahiers de l'Animation* et en particulier les numéros spéciaux :

« Éducation populaire 1920-1940 », *Les Cahiers de l'animation*, n° 32, 1981.

« Éducation populaire et jeunesse dans la France de Vichy », *Les Cahiers de l'animation*, n° 49-50, 1985.

« L'espérance contrariée : éducation populaire et jeunesse à la Libération (1944-47) », *Les Cahiers de l'animation*, n° 56, 1986.

- La revue *Agora Débats/Jeunesses*, publiée par l'INJEP aux Éditions L'Harmattan.

- « *Les rencontres de Nantes* », Biennale de l'action éducative, sociale et culturelle, Les Actes 1992, 1994, 1996, Nantes, Accord.

651947 - Mai 2016
Achevé d'imprimer par